Deutsch kompetent

Kursthemen

Trainingsheft mündliches Abitur

Autorinnen und Autoren:

Dominik Koch
Claudia Lübeck
Wolfgang Wittor

Ernst Klett Verlag GmbH
Stuttgart · Leipzig · Dortmund

Panorama

Welche Erwartungen haben Sie an die mündliche Prüfung im Fach Deutsch?

Was haben Sie aus früheren Prüfungen gelernt?

Wie wollen Sie die Vorbereitung auf die Prüfung organisieren?

Auszüge aus Vorgaben verschiedener Bundesländer zur mündlichen Abiturprüfung

Der Prüfling soll in der Prüfung, die in der Regel mindestens 20, höchstens 30 Minuten dauert, in einem ersten Teil selbstständig die vorbereiteten Ergebnisse zur gestellten Aufgabe in zusammenhängendem Vortrag präsentieren. In einem zweiten Teil sollen vor allem größere fachliche und fachübergreifende Zusammenhänge in einem Prüfungsgespräch angesprochen werden. Es ist nicht zulässig, zusammenhanglose Einzelfragen aneinanderzureihen. Die beiden Prüfungsteile sollten in einer Überleitung gedanklich miteinander verknüpft werden. [...]

Die mündliche Prüfung wird als Einzelprüfung durchgeführt und dauert in der Regel 20 Minuten je Prüfungsfach und Prüfling. [...]
[Die Aufgaben] werden Ihnen schriftlich vorgelegt und Sie können sich etwa 20 Minuten unter Aufsicht vorbereiten.

Die mündliche Abiturprüfung ist eine Einzelprüfung, kann aber auch in einer Gruppe durchgeführt werden; die Bewertung der individuellen Prüfungsleistung ist sicherzustellen.
Die mündliche Abiturprüfung muss sich mindestens auf Sachgebiete zweier Schulhalbjahre der Qualifikationsphase beziehen und darf – als Zusatzprüfung – nicht den gleichen Prüfungsinhalt wie die schriftliche Prüfung als Gegenstand haben. [...]
In einer mündlichen Prüfung soll mindestens 20 und höchstens 30 Minuten geprüft werden. Wird die mündliche Prüfung in einer Gruppe durchgeführt, so soll mindestens 50 und höchstens 70 Minuten geprüft werden. [...]
Bei einer mündlichen Prüfung dürfen ein Mitglied des Schülerrats, ein Mitglied des Schulelternrats, bis zu zwei Schülerinnen und Schüler des ersten Schuljahrgangs der Qualifikationsphase und bis zu zwei Personen, deren Anwesenheit im dienstlichen Interesse liegt, zuhören. [...]
Die Zuhörerinnen und Zuhörer sind zur Verschwiegenheit über alle Prüfungs- und Kolloquiumsvorgänge verpflichtet. [...]

Mündliche Prüfungen sind das Kolloquium und die Zusatzprüfung [...].
Das Kolloquium gliedert sich in zwei Prüfungsteile von je etwa 15 Minuten Dauer:

1. Kurzreferat der Schülerin oder des Schülers zum gestellten Thema (ca. 10 Minuten) aus dem gewählten Prüfungsschwerpunkt sowie ein Gespräch ausgehend vom Kurzreferat, [...].
2. Gespräch zu den Lerninhalten aus zwei weiteren Ausbildungsabschnitten. [...]

Das Thema wird der Schülerin oder dem Schüler etwa 30 Minuten vor Prüfungsbeginn schriftlich bekannt gegeben. [...]
Die Zusatzprüfung gliedert sich in zwei Prüfungsteile von je etwa zehn Minuten Dauer:

1. Gespräch zu den Lerninhalten aus dem gewählten Prüfungsschwerpunkt;
2. Gespräch zu den Lerninhalten aus zwei weiteren Ausbildungsabschnitten.

1 Lesen Sie die Auszüge aus Vorgaben zur mündlichen Prüfung. Achten Sie auf Gemeinsamkeiten und Unterschiede.

2 Recherchieren Sie, welche Vorgaben es in Ihrem Bundesland und an Ihrer Schule gibt.

1 Vorbereitung auf das mündliche Abitur

Literarische Texte analysieren und interpretieren

Die mündliche Abiturprüfung im Fach Deutsch

In der mündlichen Prüfung kommt es auf Ihr Wissen und auf Ihre kommunikativen Fähigkeiten an. Sie müssen in kurzer Zeit die wesentlichen Aspekte eines Textes erfassen und in einem freien Vortrag darstellen. Im anschließenden Prüfungsgespräch wird erwartet, dass Sie flexibel auf Impulse eingehen und Ihren Standpunkt nachvollziehbar vertreten.
Wie Sie Wissen organisieren, Arbeitstechniken nutzen, Ängste abbauen, Selbstbewusstsein zeigen und Ruhe bewahren, kurz: Wie Sie sich optimal vorbereiten, erfahren Sie im folgenden Kapitel.

Sich auf das mündliche Abitur vorbereiten
Texte analysieren und interpretieren

Die mündliche Abiturprüfung im Fach Deutsch

Im mündlichen Abitur wird die Verbindung verschiedener Kompetenzen von Ihnen verlangt: das Analysieren/Interpretieren, das Erörtern und die sprachliche Darstellung von Wissen, das Sie in der Oberstufe erworben haben. Der Ablauf einer mündlichen Abiturprüfung erfolgt nach einem festen Plan:

- Sie erhalten zur Vorbereitung ein Material, in der Regel einen literarischen Text oder einen Sachtext, mit Aufgaben zur Lösung.
- In der Prüfung müssen Sie in einem Kurzvortrag zunächst Ihre Ergebnisse aus der Vorbereitung vortragen.
- Das anschließende Prüfungsgespräch knüpft in der Regel an Ihren Vortrag an, klärt offen gebliebene Fragen und geht dann auf größere fachliche Zusammenhänge und weitere Sachgebiete ein.

Besonderheiten der Prüfung im Fach Deutsch

Literarische Texte sind komplexe Gebilde, die in ihren Teilen erfasst (analysiert) und dann zu einer übergeordneten allgemeinen Aussage über den Text zusammengefasst (interpretiert) werden müssen. Dabei ist zu beachten, dass jeder Text anders ist (individuelle Gestaltung). Sie müssen also von dem gegebenen Text ausgehen und Ihren Weg der Erschließung (Analyse) daran entwickeln.
Normalerweise liest man literarische Texte zur Entspannung und zur geistigen Anregung in der Freizeit – somit in Situationen, die von innerer Ruhe geprägt sind. Eine Prüfungssituation, zumal eine bedeutende und folgenreiche wie die des Abiturs, scheint das genaue Gegenteil davon zu sein. Gleichwohl sind die Erwartungen an Sie ähnlich wie bei der privaten Lektüre: Sie sollen sich auf die spezifischen Merkmale fiktionaler Texte einlassen, sich als Leserin oder Leser den dargestellten Figuren und Lebenswelten empathisch nähern und zugleich distanziert-analytisch auf die Textvorlagen reagieren, um zu plausibel darstellbaren Urteilen zu gelangen. Diese Mischung aus Gefühl und rationaler Distanz macht die Besonderheit der Abiturprüfung im Fach Deutsch aus.

Die mündliche Abiturprüfung im Fach Deutsch trainieren

Dieses Heft soll Ihnen helfen, mit der Situation rational umzugehen. Damit Sie die mündliche Prüfung im Fach Deutsch meistern, werden der komplexe Vorgang in seine unterschiedlichen Phasen zerlegt und die Prüfung selbst in sechs Schritten inhaltlich sowie methodisch konkret durchgespielt.
Je transparenter Ihnen der Vorgang einer mündlichen Prüfung im Fach Deutsch erscheint, je genauer Sie sich auf die Situation einstellen und je besser Sie sich fachlich vorbereiten und Ihre Ergebnisse einschätzen können, umso angstfreier und selbstsicherer können Sie in die reale Prüfung gehen.

Die fachlichen Module zur Vorbereitung auf die mündliche Prüfung in diesem Heft

- Kurzprosatext der Gegenwart
- Auszug aus einem epischen Text der klassischen Moderne
- Interpretation eines Gedichts aus der Neuen Sachlichkeit
- Vergleich zweier Gedichte aus Romantik und Expressionismus
- Interpretation eines Dramenauszugs der Klassik
- Analyse eines Sachtextes

Der Ablauf der mündlichen Prüfung

Als Grundlage für die mündliche Prüfung wird Ihnen in der Regel ein Text im Umfang von etwa 800 Wörtern vorgelegt, verbunden mit einem Arbeitsauftrag, der auch mehrere Teilschritte umfassen kann. Ihre Vorbereitungszeit, in der Sie sich mit dem Text und der Aufgabenstellung auseinandersetzen können, beträgt in der Regel 20 Minuten.
Die mündliche Prüfung selbst dauert 20 bis maximal 30 Minuten und besteht aus zwei Teilen:

1. aus einem **Kurzvortrag**, den Sie auf der Grundlage Ihrer Auseinandersetzung mit dem vorgelegten Text und der zugehörigen Aufgabenstellung vor der Prüfungskommission halten
2. aus einem anschließenden **Prüfungsgespräch**. In dem Prüfungsgespräch werden offene Fragen Ihres Vortrags geklärt und ein weiteres Thema aus einem anderen Bereich des Faches und einem anderen Kurshalbjahr behandelt.
   Zusätzlich wird von Ihnen erwartet, dass Sie auf Kenntnisse und Fähigkeiten zurückgreifen, die Sie während Ihrer gesamten Schulzeit erworben haben:
   - Texte und Medien erschließen
   - Urteile bilden, begründen und belegen
   - einen Vortrag strukturieren, klar formulieren und halten
   - Wissen anwenden
   - Wissen vernetzen

Anregungen zur Planung der Vorbereitung auf die mündliche Prüfung

Die Aufgabe zur mündlichen Abiturprüfung wird von Ihrer Fachlehrerin bzw. Ihrem Fachlehrer gestellt. Es ist für eine effektive Vorbereitung auf die Prüfung ratsam, mögliche Themen im Vorfeld einzugrenzen. Bedeutsam sind vor allem solche Themen, die in den Kurshalbjahren ausführlich behandelt worden sind.
Auf jeden Fall sollten Sie verlässliche Informationen über die Regularien der mündlichen Prüfung an Ihrer Schule einholen, z. B. über die Zusammensetzung der Prüfungskommission, vor der Sie Ihren Vortrag halten, über den genauen Ablauf oder über die Wertigkeit der Prüfungsleistung für die Abiturnote. Der Umfang der Ihnen gestellten Aufgaben kann je nach Bundesland unterschiedlich ausfallen. So wird häufig bei Interpretationsaufgaben der allgemeine Operator „Interpretieren Sie“ bzw. „Analysieren und interpretieren Sie“ verwendet. Zusätzlich können Ergänzungsaufgaben vorkommen, etwa: „Gehen Sie besonders ein auf …“, oder „Vergleichen Sie den Text mit …“, bzw. „Ordnen Sie den Text begründet in eine Epoche ein …“
Einige Bundesländer bieten Ihnen eine dreigliedrige Aufgabe an. Diese leitet sich dann von den Ihnen bekannten Anforderungsbereichen ab:

- der Darstellung des Materials (AfB I)
- der Analyse (AfB II)
- der Interpretation (AfB III) (im weitesten Sinne)

Bei allgemeinen, nicht weiter differenzierten Aufgaben müssen Sie Ihre Fachkenntnisse aktivieren. Sie wissen sicher aus Ihrem Unterricht, dass der Operator „Interpretieren Sie …" die Darstellung des Materials bzw. Textes (AfB I), seine Analyse (AfB II) sowie eine allgemein bewertende Aussage über das Material, sein Thema, die Besonderheit der sprachlichen Darstellung und ggf. weitere fachliche Bezüge, also die eigentliche Interpretation (AfB III) umfasst.

Die Anforderungen einer mündlichen Abiturprüfung an Sie

Das Format einer Prüfung verlangt Ihnen grundlegende Kompetenzen ab:
- die Fähigkeit, Texte analytisch zu rezipieren
- die Aufgaben zielgerichtet zu bearbeiten
- fachliches Wissen themenbezogen abzurufen
- Ihre Ergebnisse methodisch und strukturell aufzubereiten
- eigene gegenstands- und fachbezogene Urteile zu fällen
- einen zusammenhängenden, frei gesprochenen und sprachlich differenziert formulierten Vortrag zu halten

In dem ergänzenden Prüfungsgespräch kommen weitere Kompetenzen hinzu:
- Sie müssen Ihr Fachwissen und Allgemeinwissen mit neuen Themen vernetzen.
- Sie müssen Ihre Ergebnisse der Prüfungskommission verständlich und zielorientiert vortragen.

Die Struktur der Übungsaufgaben als Vorbereitung auf die mündliche Prüfung

Für die fachliche Vorbereitung auf die mündliche Prüfung bietet Ihnen dieses Heft einen **Verlaufsplan in sechs Schritten** an. Dieser Plan soll Ihnen für die Vorbereitung und Durchführung der Prüfung Sicherheit geben und Ihnen helfen, den umfangreichen Prozess des Verfahrens zu ordnen sowie die Anforderungen überschaubar zu halten.
Als Orientierungshilfe für Ihr Zeitmanagement enthält dieses Heft einen **Vorschlag zur Einteilung der Ihnen zustehenden Vorbereitungszeit**.
→ S. 11, 15
Für Ihre fachliche Vorbereitung erhalten Sie eine Übersicht über die Kriterien von literarischen Texten und Sachtexten in Form einer **Kompetenzbox.** Mit diesen Beispielen können Sie sich auf einen Blick die Untersuchungsaspekte vergegenwärtigen und das notwendige Fachwissen wiederholen.
Schließlich erhalten Sie **Material und Aufgaben** zu den oben angegebenen sechs Text- und Gattungsbeispielen.
Als Übung werden Sie dann in den genannten **sechs Schritten** durch den Prüfungsprozess geführt.
In diesem Heft finden Sie außerdem **Vorschläge, wie Sie die Prüfung simulieren können**.
Dazu sollten Sie eine Person Ihres Vertrauens bitten, mit Ihnen diese Übung zu machen.
Den Abschluss dieser Simulation bildet eine **Auswertung des Übungsverlaufs**. Dazu erhalten Sie einen tabellarischen Beurteilungsbogen mit Kriterien.
→ S. 14
Die Auswertung der Übung zur mündlichen Prüfung sollte mit der Perspektive geführt werden, den noch vorhandenen **Übungsbedarf** zu ermitteln. So können Sie Ihre Vorbereitung und Übung strategisch angehen.
→ S. 12
Bevor Sie in die Prüfung gehen, ist es ratsam, über Ihre **Erfahrungen und Ängste in Prüfungssituationen** nachzudenken. Dafür finden Sie in diesem Kapitel Anregungen und Vorschläge.

Arbeitsschritte zur Planung des Prüfungsablaufs

Nach dem folgenden Schema werden Sie durch die sechs Aufgabenvorschläge geleitet:

→ S. 18, 28, 36, 44, 54, 64

1. Die Aufgabenstellung erfassen – das erste Textverständnis festhalten

Gerade wenn Sie zu Beginn der Vorbereitung nervös und aufgeregt sind, ist es wichtig, dass Sie die Aufgabenstellung – achten Sie besonders auf die Operatoren (!) – und den Text in Ruhe, ggf. mehrfach, lesen. Ein klares Verständnis von Text und Aufgabenstellung ist die beste Grundlage für einen erfolgreichen Vortrag.

→ S. 19, 28 f., 36 f. 44 f., 55, 64

2. Den Text aspektorientiert untersuchen

Wenn die Aufgabenstellung keine konkreten Untersuchungsaspekte vorgibt, müssen Sie selbst geeignete Gesichtspunkte finden, die für Ihre Interpretation des Textes vielversprechend sind. Da Sie in Ihrem Vortrag nicht auf alle Untersuchungsaspekte eingehen können, sollten Sie gezielt diejenigen auswählen, die Ihnen für den vorliegenden Text am ergiebigsten scheinen. Um passende Aspekte zu finden, kann es hilfreich sein, Fragen an den Text zu stellen, z. B.

- Um welches Genre handelt es sich und woran lässt sich dieses belegen?
- Welches ist das den Text prägende zentrale Thema oder Motiv?
- Wie lässt sich die Darstellungsform beschreiben?
- Welche Bedeutung hat die Figurenkonstellation für die Interpretation des Textes?
- Wie und mit welcher Wirkung werden rhetorische Mittel eingesetzt?
- Gibt es wichtige und interessante Informationen zur Biografie des Autors, den Zeitumständen oder thematisch verwandten Texten?
- …

3. Eine Deutungshypothese als Vortragsidee entwickeln

→ S. 20, 29, 38, 46 f., 56 f., 66

Im Mittelpunkt Ihres Vortrags sollte die präzise, differenzierte Beantwortung der Aufgabenstellung, also Ihre Interpretation des literarischen Textes bzw. Ihre Analyse des Sachtextes stehen. Mit Ihrer Deutungshypothese bringen Sie Ihr Textverständnis auf den Punkt, sie ist entscheidend für Ihre Vortragsidee. Wenn Sie Ihre Deutungshypothese entwickeln, können Sie zunächst einige zentrale Stichpunkte notieren, die Ihr Textverständnis abbilden. Formulieren Sie dann in einem Satz oder maximal zwei kurzen Sätzen die Haupterkenntnis(se), die Sie aus Ihrer Auseinandersetzung mit dem Text gewonnen haben.

→ S. 21 f., 30, 38, 48, 57 f., 67

4. Die Untersuchungsergebnisse ordnen und Stichwortkarten anlegen

Nachdem Sie Ihre Deutungshypothese für sich formuliert haben, gilt es, diese in einen schlüssigen, gut nachvollziehbaren Argumentationszusammenhang einzuordnen, den Sie in Ihrem Vortrag vorstellen können. Überlegen Sie, wie Sie Ihren Vortrag aufbauen und an welcher Stelle des Gedankengangs Sie Ihre Deutungshypothese positionieren wollen:

- gleich zu Beginn als Einstieg in Ihren Vortrag, um sie dann anhand einer Inhaltsangabe mit Ihren Untersuchungsergebnissen zu belegen?
- im Anschluss an eine kurze, chronologisch geordnete Inhaltsangabe und die Darstellung Ihrer Untersuchungsergebnisse?
- als Schlusspunkt Ihres Vortrags, in dem Sie Teile der Inhaltsangabe immer im Wechsel mit Ihren Untersuchungsergebnissen darstellen?

Wenn Sie sich für eine Vorgehensweise entschieden haben, fertigen Sie zunächst eine stichpunktartige Gliederung (Einleitung, Hauptteil, Schluss) an, in der Sie die Struktur und den Ablauf Ihres Vortrags festhalten. Schreiben Sie anschließend gut lesbar als Gedankenstütze die wesentlichen Punkte auf Stichwortkarten. Achten Sie darauf, nicht zu viele Informationen auf einer Karte unterzubringen und unterschiedliche Aspekte für eine bessere Orientierung farbig zu markieren. Die Karten sollten Sie in der Reihenfolge des Vortrags nummerieren und nicht zu viele anlegen.

→ S. 22, 31, 38 f., 48, 58 f., 68

5. Den Vortrag konzipieren

Die Situation, vor einer Prüfungskommission einen Fachvortrag zu halten, ist neu und ungewohnt. Deshalb ist eine gewisse Nervosität zu Beginn der Prüfung nicht nur völlig normal, sondern kann sogar hilfreich sein, weil sie die Konzentration und die Aufmerksamkeit für die Situation fordert. Um mit einem guten Gefühl und Vertrauen in die eigenen Fähigkeiten den Vortrag zu beginnen, sollten Sie sich inhaltlich frühzeitig und gewissenhaft vorbereiten.

→ S. 14

Sie können die Vorbereitungsphase für Partnerübungen nutzen, in denen Sie Ihren Vortrag mehrfach durchspielen und sich Feedback geben lassen.

→ S. 23, 31, 39, 49, 59, 69

6. Das Prüfungsgespräch antizipieren

Das Prüfungsgespräch ist der freiere, offener angelegte Teil der Prüfung. Dort können Aspekte und offen gebliebene Fragen aus dem Vortrag vertieft und mit anderen Themen oder Texten weiterer Kurshalbjahre der Oberstufe verbunden werden. Auch könnte ein Bezug zu aktuellen gesellschaftlichen Fragen hergestellt oder nach Ihrer persönlichen Meinung zu zentralen Aussagen des Textes gefragt werden. Nehmen Sie sich in der Vorbereitungsphase auf die Prüfung genügend Zeit, um über mögliche Schwerpunkte des Prüfungsgesprächs nachzudenken. Überlegen Sie auch, auf welche Facetten des Textes Sie selbst eingehen könnten, wenn Sie dazu aufgefordert werden.

Vorbereitungszeit einteilen

Um die Aufgabenstellung für die Prüfung konzentriert bearbeiten zu können, sollten Sie die Vorbereitungszeit von etwa 20 Minuten vorab in einzelne überschaubare Abschnitte unterteilen:

- Für das Lesen des Textes und die Klärung der Aufgabenstellung sollten Sie 4 bis 5 Minuten einplanen.
- Die Entwicklung einer Vortragsidee und die fachliche Bearbeitung bilden den Schwerpunkt Ihrer Vorbereitung. Hierfür sind in der Regel 8 bis 10 Minuten nötig.
- Für die Auswertung Ihrer Ergebnisse, die Gliederung Ihres Vortrags und das Anfertigen von Stichwörtern benötigen Sie 6 bis 8 Minuten.
- Eine kurze Vorbereitung auf die Prüfungssituation von 1 bis 2 Minuten wird Ihnen helfen, mit einem guten Gefühl und zielstrebig in die Prüfung zu gehen.

Text lesen	Aufgabe verstehen	Text bearbeiten	Vortragsidee entwickeln	Schwerpunkte bilden Stichworte machen	Sich auf die Prüfungssituation einstellen
4 bis 5 Minuten		8 bis 10 Minuten		6 bis 8 Minuten	1 bis 2 Minuten
20 Minuten					

Prüfungsängste bewältigen

Fast jede Prüfungskandidatin und jeder Prüfungskandidat wird mit Nervosität und Ängsten zu tun haben. Ängste sind normal, denn die Situation einer Abiturprüfung ist schließlich neu, einmalig und deshalb kaum vergleichbar, zum Beispiel mit der Führerscheinprüfung.
Normal ist auch, dass Ängste zunehmen, je näher die Prüfung rückt. Deshalb steht dieser wichtige Punkt auch bewusst am Ende dieser Einführung. Sicher ist allerdings auch, dass eine inhaltlich und fachlich gute Vorbereitung die größte Sicherheit geben kann. Wer sich gewissenhaft mit der Prüfungsaufgabe auseinandergesetzt hat und genau über die verschiedenen Aspekte der Aufgabenstellung Bescheid weiß, kann zuversichtlich in die Prüfung gehen. So sind Sicherheit und das Gefühl, gut vorbereitet zu sein, die entscheidenden Faktoren, die eigenen Ängste im Zaum halten zu können.
Oft hört man im Nachhinein von Prüfungskandidatinnen und -kandidaten, dass sie unmittelbar davor das Gefühl hatten, gar nichts gewusst zu haben. In der Prüfungssituation allerdings wussten sie alles.
Fazit:
- Jede und jeder hat mit Angst in der Abiturprüfung zu tun.
- Zu wissen, dass man nicht die/der Einzige ist, die/der Angst hat, ist durchaus ein Beruhigungsfaktor.
- Eine frühzeitige, zielgerichtete und gut begleitete fachliche Vorbereitung ist die beste Sicherheit, die Prüfung zu bestehen.
- Kurz vor der Prüfung das Gefühl zu haben, dass man „auf dem Schlauch steht" und alles vergessen hat, ist nicht schlimm – die gute Vorbereitung garantiert schließlich den Erfolg.

Hier folgen noch einige – allgemein bekannte – Tipps, mit denen Sie den Kopf wieder freibekommen können:

die Vorbereitung rechtzeitig beginnen	in kleinen Etappen lernen	Pausen in die Vorbereitung einplanen	einen (Stunden-) Plan erstellen
kooperativ, zusammen mit Freunden lernen	für Sport und Bewegung sorgen	Lernfortschritte immer wieder kritisch auswerten	viel trinken
Listen anfertigen über bereits Gelerntes und Punkte, die noch offen sind	zwischendurch ins Kino gehen	für ausreichend Schlaf sorgen	spazieren gehen

Lösungen zu den Aufgaben in diesem Heft

→ S. 74, 96

Für jedes der sechs Übungsbeispiele finden Sie am Ende der Kapitel jeweils einen kommentierten Fließtext, der beispielhaft für einen Vortrag stehen soll. Anhand dieser Texte können Sie exemplarisch die zusammenhängende Darstellung der verschiedenen Untersuchungsaspekte von literarischen Texten und Sachtexten erkennen.

Ergänzt werden diese Fließtexte um Kompetenzboxen, die sowohl die allgemeinen Untersuchungsaspekte für die Analyse und Interpretation des literarischen Genres bzw. eines Sachtextes als auch die konkreten Ergebnisse und Lösungsvorschläge zu dem jeweiligen Übungsbeispiel abbilden. Lösungen und Erläuterungen zu den Aufgaben, die Sie durch die sechs Übungsbeispiele führen, finden Sie im Lösungsteil am Ende des Hefts.

Wichtige Operatoren

Operator/ Anforderungsbereich	Definition	Aufgabenbeispiel
analysieren (I, II, III)	einen Text als Ganzes oder aspektorientiert unter Wahrung des funktionalen Zusammenhangs von Inhalt, Form und Sprache erschließen und das Ergebnis der Erschließung darlegen	– Analysieren Sie den vorliegenden Essay. – Analysieren Sie den Text im Hinblick auf die Wirkung der sprachlichen Mittel.
beurteilen (II, III)	einen Sachverhalt, eine Aussage, eine Figur auf Basis von Kriterien bzw. begründeten Wertmaßstäben einschätzen	– Beurteilen Sie auf der Grundlage der vorliegenden Texte die Entwicklungstendenzen der deutschen Gegenwartssprache.
charakterisieren (II, III)	die jeweilige Eigenart von Figuren/Sachverhalten herausarbeiten	– Charakterisieren Sie den Protagonisten im vorliegenden Textauszug.
erläutern (II, III)	Materialien, Sachverhalte, Zusammenhänge, Thesen in einen Begründungszusammenhang stellen und mit zusätzlichen Informationen und Beispielen veranschaulichen	– Erläutern Sie anhand der Textvorlage die wesentlichen Elemente der aristotelischen Dramentheorie.
erörtern (I, II, III)	auf der Grundlage einer Materialanalyse oder -auswertung eine These oder Problemstellung unter Abwägung von Argumenten hinterfragen und zu einem Urteil gelangen	– Erörtern Sie die Position der Autorin.
in Beziehung setzen (II, III)	Zusammenhänge unter vorgegebenen oder selbst gewählten Gesichtspunkten begründet herstellen	– Setzen Sie die Position des Autors in Beziehung zum Frauenbild des vorliegenden Textauszugs.
interpretieren (I, II, III)	auf der Grundlage einer Analyse im Ganzen oder aspektorientiert Sinnzusammenhänge erschließen und unter Einbezug der Wechselwirkung zwischen Inhalt, Form und Sprache zu einer schlüssigen (Gesamt-)Deutung gelangen	– Interpretieren Sie das vorliegende Gedicht. – Interpretieren Sie das Gedicht unter besonderer Berücksichtigung der Identitätsproblematik.
sich auseinandersetzen mit (II, III)	eine Aussage, eine Problemstellung argumentativ und urteilend abwägen	– Setzen Sie sich mit der Auffassung des Autors auseinander.
überprüfen (II, III)	Aussagen/Behauptungen kritisch hinterfragen und ihre Gültigkeit kriterienorientiert und begründet einschätzen	– Überprüfen Sie, inwieweit die These zutrifft, die Kunstauffassung der Autorin spiegle sich im vorliegenden Text wider.
vergleichen (II, III)	nach vorgegebenen oder selbst gewählten Gesichtspunkten Gemeinsamkeiten, Ähnlichkeiten und Unterschiede herausarbeiten und gegeneinander abwägen	– Vergleichen Sie die Naturschilderungen in den beiden Gedichten.

Beurteilungsbogen für den Kurzvortrag und das Prüfungsgespräch

Inhalte	**gut gelungen**	**gelungen**	**Es besteht Übungsbedarf**
a) der Kurzvortrag			
zusammenhängend, schlüssig			
fachlich fundiert			
fachliche Verknüpfungen			
argumentierende Darstellung			
plausibles Urteil			
textüberschreitende Vernetzungen			
Vergleiche mit Unterrichtsbeispielen			
b) sprachliche Darstellung			
gewandtes Auftreten			
zutreffende Wortwahl			
argumentierende Verknüpfungen			
fachsprachliche Argumentation			
c) das Prüfungsgespräch			
Reaktion auf Fragen und Impulse			
Strukturierung der Antworten			
sachliche/fachliche Richtigkeit			
Schlüssigkeit der Argumentation			
Fähigkeit zur Korrektur von Fehlern			
d) Übungsbedarf			
fachlich	Lyrik	Epik	Dramatik
strategisch	Zeitmanagement	fachliche Verknüpfungen	Antizipation des Prüfungsgesprächs
sprachlich	sicheres sprachliches Auftreten	schlüssige Argumentation	Verwendung der Fachsprache

Erschließungsaspekte literarischer Texte

KOMPETENZBOX

Erschließungsaspekte literarischer Texte

Gattungen
- Epik
- Lyrik
- Drama

Genres
- z. B. Novelle, Sonett, bürgerliches Trauerspiel

Themen/ Stoffe/Motive
- Liebe
- Krieg
- Tod
- Heimat
- ...

Sprache, Stil
- Satzbau, Wortwahl
- Stilebene(n)
- rhetorische Mittel
- Vers oder Prosa

Darstellungsformen
- Erzählform
- Versfom
- Dialogform(en)

Handlung/Aufbau
- chronologisch
- episodisch
- innere/äußere Handlung
- Lyrik: Stimmung, Gedankenführung

Figuren, Figurenkonstellation
- Haupt-/Nebenfiguren
- Spieler und Gegenspieler
- Lyrik: Sprecher

Textüberschreitende Aspekte
- Zeitumstände
- Autorenbiografie und Werk
- literarische Epoche bzw. Strömung
- Intertextualität

Literarische Texte und Sachtexte

Im Unterschied zu Sachtexten, in denen die Informationen in einer sachlogischen Ordnung aufeinander folgen, hat der Inhalt in literarischen Texten in der Regel keinen additiven Aufbau. Die einzelnen Passagen literarischer Texte sind bildhaft und symbolisch mehr oder weniger lose miteinander verbunden. Es ist deshalb empfehlenswert, den literarischen Text vor der Bearbeitung zunächst als Ganzes zu lesen und sich ein Bild von ihm zu machen. Sachtexte hingegen können – abhängig von der Aufgabenstellung – zunächst auch überfliegend auf einen bestimmten Analyseaspekt hin gelesen werden, um die wesentlichen Informationen herauszufiltern.

Form / **Kriterien**	**Literarische Texte**	**Sachtexte**
Inhalt, Information	bildhaft-symbolisch offene Gestaltung, mehrdeutig	klar und strukturiert, additiver Aufbau
Textstrategie	darstellende bzw. erzählende Vermittlung über Figuren und Erzählweisen	faktenbasiert, argumentierend
Adressatenbezug	inspirierend, unterhaltend, verrätselnd, ...	informierend, überzeugend, appellierend
Darstellungsweisen	Lyrik (versgebunden) Epik (erzählend) Drama (monologisch, dialogisch)	kontinuierliche Sachtexte: Lexikonartikel, Bericht, Leitartikel, Biografie, ... diskontinuierliche Sachtexte: Diagramm, Tabelle, Schaubild
	Mischformen: Aphorismus, Essay, Werbetexte, ...	

2 Interpretation eines Kurzprosatextes

Die kleine Welt im Unüberschaubaren

Zerknitterte Color Collage, Textur aus zerissenem Papier

Kurzgeschichten verstehen

Kurzgeschichten sind vollständige epische Texte mit (ggf. offenem) Beginn und Schluss, die daher – im Gegensatz zu einem Textauszug – in ihrer abgeschlossenen Darstellung betrachtet werden können. Die erzählte Welt – also die fiktive Konstellation aus Figuren, Orts-, Zeit- und Handlungsumständen – wird auf ihr Thema hin erschlossen und in der Regel weiter ausgedeutet. Dabei ist immer zu betrachten, wer das Geschehen erzählerisch darbietet (Erzählinstanz, nicht mit der Autorin/dem Autor zu verwechseln). Zeithintergründe der Entstehung und Bezüge zu anderen Texten sind ebenfalls wichtig.

Interpretation eines Kurzprosatextes

Aufgabenstellung

Stellen Sie Ihre Ergebnisse zu der folgenden Aufgabe in einem zusammenhängenden zehnminütigen Kurzvortrag dar.
– Interpretieren Sie die Kurzgeschichte von Helmut Krausser.

Helmut Krausser, geb. 1964, Autor zahlreicher Romane, Gedichtbände, Opernlibretti und Theaterstücke. Namhaft auch als Komponist und als Schach- und Backgammonspieler. Krausser lebt in Berlin und in Potsdam.

Information aus dem Klappentext des Wagenbach-Verlages

Helmut Krausser: Joco (2019)

Mein Lieblingsgetränk ist Joco. Was das ist? Ein Viertel Schwarzer Johannisbeersaft, drei Viertel Cola light. Cola heavy geht natürlich auch, wenn man es noch etwas süßer mag. Schmeckt fruchtig, setzt nicht arg an, und der Saft nimmt das Vielzuviel an Kohlensäure raus. Seit Monaten versuche ich Manni dazu zu bringen, Joco auf die Getränkekarte zu setzen. Tut er nicht. Warum nicht?

„Weil es das nun mal nicht gibt!"

„Doch, weil ich es erfunden und benannt habe!"

„Ich kann nix anbieten, was es nicht gibt. Ich bin Wirt und kein Künstler wie du. Außerdem bist du nur einer. Wenn du mal mehr bist als einer, verhandeln wir neu."

Für Manni ist das logisch. Wir haben uns schließlich darauf verständigt, dass ich ein Fläschchen Johannisbeersaft mitbringen und der kredenzten Cola jeweils einen Schuss hinzufügen darf. In der Eckkneipe sieht man über viele Marotten hinweg. Rumpel zum Beispiel bringt jeden Abend eine Flasche billiges Sternburg[1] mit in die Wildnis und füllt – „heimlich" – sein leeres Glas auf. Er glaubt allen Ernstes, das würde keiner merken. Andere Wirte würden ihn an die Luft setzen. Manni niemals. Manni hat einen derben Humor, aber ein weiches Herz.

Was genau unterscheidet eigentlich eine Eckkneipe von einer Kneipe, die sich in der Mitte einer Straße befindet? Keine Ahnung. Bei Wikipedia hab ich auch nichts gefunden. Mit Eckkneipe ist ein Lokal gemeint, das vor allem von Anwohnern frequentiert wird, derlei Kaschemmen[2] sterben langsam aus, aber hier in Neukölln[3] gibt's noch genug.

Die Wildnis ist zwar leicht versifft, aber nicht zu eng, gewählt wird hier alles bis auf Nazis – und die Klientel entstammt nicht grundsätzlich dem Prekariat, iwo. Zwar wollen viele hier im Leben nichts anderes mehr erreichen als das Rentenalter, dafür gibt es andere, die mehr erreicht haben, als man vermuten würde.

Nehmen wir zum Beispiel Rolle. Anfang vierzig, pinkes Hemd, Hornbrille, Gel in den schwarz wallenden Haaren. Er würde nie im Leben, sagt er, auf arme Leute herabsehen, nur weil er oben gelandet ist. Arme Leute seien viel schlauer als reiche Leute. Denn Not mache erfinderisch. Das ist so ungefähr das einzige Thema, über das Rolle redet: wie er nach oben kam, ohne je abfällig nach unten gesehen zu haben. Manchmal nervt das gehörig.

„Weißt du", sagt er, „ich mag Cheeseburger, vor allem, wenn die Stelle kommt mit dem Gurkenscheibchen, die schmeckt mir, und ich frage mich immer, wie die das hinkriegen, dass die Gurke immer gleich schmeckt, ich meine, kennste doch, du kaufst im Supermarkt ein Glas Gurken und: egal welche Marke, die sind nie immer gleich, nie, nie nie. Ich hab dann mal gefragt, ob ich einen Cheeseburger haben kann mit Extragurke, aber nee, das machen die nicht. Ist eben Fast Food. Keine Individualität. Keine Bevorzugung, sagen die einen, kein Service, sage ich."

Da kommt der kleine Ahmed, noch'n ganz junger türkischer Dachdeckerlehrling, und meint: „Soll ich dir mal sagen, wie du einen Doppelcheeseburger für 2,59 € mit Extragurke für sechzig Cent billiger haben kannst? Kaufste einen Hamburger und einen Cheeseburger für zusammen zwei Euro, tust das Fleisch vom Hamburger auf das Fleisch vom Cheeseburger und ne zweite Gurkenscheibe hasste auch. Und noch'n leeres Zweibrötchen, damit kannste, wennde sonst nix kannst, Tauben füttern."

Rolle steht der Mund offen. „Sach ich doch", sagt er, „arm macht erfinderisch. Hab ich Hochachtung vor. Aber wozu soll ich Scheiß-Tauben füttern?"

Rolle hat vor Jahren so'n Internetportal gebaut, irgendwas mit Reisen und Preisvergleichen. Menschen mit zu viel Kohle und zu faul zum Klauen haben es ihm für zwei Millionen abgekauft, seitdem macht er einen auf Frührentner und gibt kluge Ratschläge, wenn er dreimal die Woche auf ein schnelles Bier vorbeikommt. Rolle ist der lebende Beweis, dass Intelligenz auf dem Weg zum Wohlstand keine Bedingung sein muss. Leben ist Chaos und das meiste darin Glücksache, man kann jedoch Entscheidungen treffen, die die notwendige Portion Glück deutlich reduzieren. Die die Würfel des Schicksals zähmen, um es mal aufgebläht zu sagen.

Ich spiele unter anderem Backgammon, weil es ein Abbild des Lebens ist, weil es einen lehrt, dass zu jedem Zeitpunkt praktisch alles möglich ist, auch wenn schon alles verloren oder gewonnen scheint.

---

1 Sternburg: Biersorte 2 Kaschemme, die: heruntergekommene Kneipe 3 Neukölln: Stadtteil von Berlin

1. Die Aufgabenstellung erfassen – das erste Textverständnis festhalten

1.1 Lesen Sie den Text im Ganzen und klären Sie unbekannte Begriffe.

1.2 Erfassen Sie die Eigentümlichkeit des Textes. Notieren Sie Ihre Leseeindrücke.

Ein Kunstgriff, für die Leseeindrücke Worte zu finden, gelingt über Kontrastbegriffe, z. B.

spannend ↔ banal | sachlich ↔ emotional | leicht zu verstehen ↔ verschlüsselt

klar strukturiert ↔ verschachtelt | konventionell ↔ irritierend

Mit Hilfe einer Matrix kann eine recht genaue Bestimmung vorgenommen werden, z. B.
Die Geschichte ist …

spannend ← → banal

5 4 3 2 1 0 1 2 3 4 5

→ S. 13

1.3 Überlegen Sie, welche Anforderungen der Operator „interpretieren" beinhaltet.

2. Den Text aspektorientiert untersuchen

2.1 Erstellen Sie eine Stichwortliste mit Aspekten zur Kurzprosa.

→ S. 25

2.2 Wählen Sie die Aspekte aus, die aus Ihrer Sicht für den Arbeitstext wichtig sind. Gehen Sie dabei von Ihrem Ersteindruck aus. Wenn Sie unsicher über die Textmerkmale der epischen Literatur sind, nehmen Sie die Kompetenzbox auf der Seite 25 zur Hilfe.

SO GEHT'S Untersuchungsaspekte zu einem Kurzprosatext sammeln

Helmut Krausser: Joco (2019)

Mein Lieblingsgetränk ist Joco. Was das ist?
Ein Viertel Schwarzer Johannisbeersaft,
drei Viertel Cola light. ...
Keine Ahnung. ...
leicht versifft ...
Manchmal nervt das gehörig. ...
Scheiß-Tauben ...
frequentiert ...
Prekariat ...
...

Autor, Titel, Erscheinungsjahr, episches Genre: Kurzgeschichte
Wiedergabe der Handlung in Stichworten: Der Ich-Erzähler macht dem Wirt einen Vorschlag ...
Erzählform: Ich- Erzählung
Sprache, Stil: der mündlichen Kommunikation nachempfundene Alltagssprache, gelegentlich

Ausdrücke der Vulgärsprache sowie Fremdwörter

weitere Aspekte: ...

2.3 Untersuchen Sie den Text unter selbstgewählten Aspekten.
Bei der knappen Zeit der Erarbeitung einer Aufgabe zu einer mündlichen Prüfung ist das an sich sinnvolle Verfahren von farbigen Markierungen sehr aufwändig. Aus praktischen Gründen sind Unterstreichungen und Kennzeichnungen mit Hilfe von Buchstaben oder Zahlen empfehlenswert. Das geht schnell und hilft ebenso wie farbige Markierungen zur Orientierung. Achten Sie auf die Überschaubarkeit.

SO GEHT'S Einen Kurzprosatext aspektorientiert untersuchen

Seit Monaten versuche ich Manni dazu zu
bringen, Joco auf die Getränkekarte zu setzen.
Tut er nicht. Warum nicht?
„Weil es das nun mal nicht gibt!"

„Doch, weil ich es erfunden und benannt habe!"
„Ich kann nix anbieten, was es nicht gibt. Ich
bin Wirt und kein Künstler wie du. Außerdem
bist du nur *einer*. Wenn du mal mehr bist als
einer, verhandeln wir neu."
Für Manni ist das logisch.

a) Figuren: Ich-Erzähler, Manni der Wirt
b) Titel (unbedeutend, ein Nebenaspekt)
c) Rhetorik: innerer Monolog, rhetorische Frage
d) Figurenrede, unmittelbares Erzählen / Gegenrede, Erzählspannung
e) Sprache: Mündlichkeit
f) Rhetorik: Antithese, Figurenkontrast,

Scheinlogik
↕
Antithese

2.4 Skizzieren Sie nun auf der Basis Ihrer Notizen eine Inhaltsangabe in Stichwörtern. Die Inhaltsangabe ist eine gute Grundlage für den sicheren Umgang mit der Mehrdimensionalität literarischer Texte. Zu empfehlen ist eine von dem Thema, das Sie dem Text entnehmen, also von Ihrem Gesamtverständnis her entwickelte Stichwortsammlung des Inhalts.
Achtung: Sobald man den Inhalt von dem Thema des Textes her betrachtet, decken sich die Stichworte in der Regel nicht mit der Chronologie des Textes.
Ein Thema aus der Schilderung einer literarischen Handlung zu entwickeln, ist eine anspruchsvolle Leistung. Es gilt, für das konkret geschilderte Geschehen eine übergeordnete, die Erzählstränge verbindende Ebene, einen allgemeinen Begriff, zu finden. Dabei ist zu beachten, dass in der Regel mehrere Themen möglich sind. Man sollte sich dennoch auf ein Thema, das gut zu vertreten ist, festlegen.

SPRACHTIPP

Das Thema einer Kurzgeschichte formulieren

- Die Schilderung der **Subkultur einer Eckkneipe in Berlin** steht im Mittelpunkt der Kurzgeschichte.
- Der Autor versammelt in einer Berliner Eckkneipe eine **Gruppe kurioser Typen**, deren **skurrile Marotten** im Mittelpunkt der Kurzgeschichte stehen.
- Die von schrägen Typen und kuriosen Gestalten geprägte Szene einer Berliner Eckkneipe dient dem Autor als Rahmen für die **Darstellung gelebter Toleranz und solidarischer Gemeinschaft**.
- Vor dem Hintergrund des postmodernen, von Unsicherheit, Überforderung und Orientierungslosigkeit geprägten Lebensgefühls wird anhand der Subkultur einer Berliner Eckkneipe der **Rückzug in eine kleine überschaubare Welt beschrieben**.

3. Eine Deutungshypothese als Vortragsidee entwickeln

3.1 Formulieren Sie auf der Basis Ihrer ersten Eindrücke vom Text und Ihrer Analyseergebnisse eine Deutungshypothese.
- Die Deutungshypothese bildet Ihr Gesamtverständnis des Textes ab, sie ist Ihre Interpretation.
- Im Hinblick auf den zu konzipierenden Prüfungsvortrag drückt sich in der Deutungshypothese/Interpretation zugleich Ihre Vortragsidee aus.
- Sollten Sie unsicher bei der Formulierung einer Deutungshypothese bzw. Interpretation sein, prüfen Sie, ob Sie sich einer der folgenden Formulierungshilfen anschließen können.

SPRACHTIPP

Eine Deutungshypothese formulieren

- „Joco" von Helmut Krausser kann als **unterhaltsame Geschichte über ein Leben abseits des Mainstreams** verstanden werden.
- Die Kurzgeschichte mit ihrer skurrilen Eckkneipengemeinschaft ist ein ebenso **liebe- wie humorvolles Plädoyer für einen vorurteilsfreien, toleranten und solidarischen Umgang miteinander**.
- Der Reiz der Geschichte besteht darin, dass die **soziale Wärme einer von (vermeintlichen) Verlierern bevölkerten Eckkneipe augenzwinkernd gegen den (vermeintlich) coolen und hippen Hochglanz-Event-Lifestyle moderner Großstädte** ausgespielt wird.
- Hinter der **kleinen Welt der Eckkneipe**, in der alltägliche Belanglosigkeiten und skurrile Marotten mit nahezu philosophischer Ernsthaftigkeit diskutiert werden, zeichnet sich die **große, unübersichtlich und unzumutbar anstrengend gewordene Welt postmoderner Großstädte** ab.

4. Die Untersuchungsergebnisse ordnen und Stichwortkarten anlegen

4.1 Gestalten Sie Ihre Deutungshypothese bzw. Interpretation als Vortrag aus.

SO GEHT'S **Analytisch-deduktiv den Aufbau eines Vortrags entwickeln**

Helmut Krausser bietet mit seiner Kurzgeschichte „Joco" eine unterhaltsame Geschichte über ein Leben abseits des Mainstreams.	Beginn mit einem grundsätzlichen Einleitungssatz, der Autor und Genre benennt und die Deutungshypothese zum Verständnis des Textes beinhaltet Inhaltsangabe, in der die Deutungshypothese anhand der unterschiedlichen Untersuchungsaspekte entfaltet wird:
In der auktorial erzählten Kurzgeschichte,	Erzählverhalten, Genre
die in einer Eckkneipe in Berlin spielt,	Ort
schildert der Ich-Erzähler die Gemeinschaft verschiedener „Originale",	Erzählform
die ihre Lebensansichten und Marotten miteinander teilen ...	Themen
– Erzähler, der Wirt Manni, der neureiche Rollo,	Personen
– umgangssprachliche Varietät, Parlandostil mit Antithesen, ...	sprachliche Gestaltung

Bei dem analytisch-deduktiven Verfahren steht das Ergebnis der Texterschließung, die Deutungshypothese oder Interpretationsidee, am Anfang des Vortrags. Diese allgemeine, grundsätzliche Hypothese oder Idee wird anhand einer konzentrierten Inhaltsangabe bezogen auf die einzelnen Untersuchungsergebnisse Schritt für Schritt entfaltet.

ÜBRIGENS

Neben der analytisch-deduktiven Vorgehensweise gibt es zwei weitere Möglichkeiten, eine Deutungshypothese oder Interpretationsidee zu entfalten:
- **chronologisch-additiv:** Es wird eine kurze Handlungsskizze vorgetragen und durch fachbezogene Aspekte ergänzt. Am Ende kommt ein sinnbezogenes Gesamtergebnis, die Deutungshypothese oder Interpretation, zum Vorschein.
- **aspektorientiert:** Einzelne Teile der fachlichen Analyse werden dynamisch mit der Inhaltswiedergabe verknüpft. Die Gesamtaussage (Interpretation) bildet den Abschluss.

4.2 Fertigen Sie eine Gliederung des Vortrags an. Ordnen Sie Ihr Material den üblichen Gliederungskategorien von Einleitung, Hauptteil und Schluss zu. Sie können sich an dem folgenden Beispiel orientieren.

Einleitung: Ort der Handlung, Daten zum Autor, Titel, Genre des Textes, Deutungshypothese
Hauptteil:
1. Erzählform, Figuren
2. Handlung
3. Sprache/Stil
Schluss/Resümee: Was die Geschichte interessant macht, z. B. die kuriosen Typen, ihre schrägen Ansichten, ...

4.3 Prüfen Sie Ihre Stoffsammlung und Gliederung auf inhaltliche Stimmigkeit und Plausibilität.
- Gehen Sie Ihren Vortrag im Kopf durch.
- Achten Sie darauf, ob Sie alle Aspekte Ihrer Gliederung verwenden können.
- Prüfen Sie, ob Sie am Ende zu dem von Ihnen geplanten Schluss/Abschluss gelangen.

ÜBRIGENS

In einer Prüfungssituation wird ein persönliches Urteil in der Regel besonders gewürdigt, vor allem, wenn es mit dem Prüfungstext in Übereinstimmung gebracht, d.h. sachlich und fachlich stimmig erläutert werden kann.

5. Den Vortrag konzipieren

5.1 Übergeben Sie Ihrer Partnerin oder Ihrem Partner den Text, die Aufgabenstellung und den Beurteilungsbogen. Halten Sie dann Ihren Vortrag vor einer Partnerin, einem Partner.

→ S. 14

5.2 Werten Sie Ihren Vortrag gemeinsam aus.
- Nutzen Sie dazu den Beurteilungsbogen.
- Verabreden Sie weitere Übungsdurchgänge und vergleichen Sie Ihre Eindrücke und Einschätzungen.

Meine eigene Einschätzung	*Die Einschätzung meiner Übungspartnerin/meines Übungspartners*

→ Folgerungen/Übungsbedarf:

6. Das Prüfungsgespräch antizipieren

6.1 Überlegen Sie, welche Nachfragen zu der Kurzgeschichte naheliegend sind, z. B.:
- Könnte die Kurzgeschichte auch aus den 1950er Jahren stammen, als es bekanntlich eine ausgeprägte Kneipenkultur gab?
- „Heimat" ist ein aktuelles Thema der Gegenwartsliteratur. Würden Sie den Text von Krausser dazu rechnen?

6.2 Überlegen Sie, ob sich aus dem Text der Kurzgeschichte Bezüge zu theoretischen Themen herstellen lassen könnten, die im Unterricht behandelt wurden.
- Etwa zum Medium: Krausser hat diese und weitere Geschichten aus der „Wildnis" zunächst in dem Berliner Stadtmagazin ZITTY als Kolumne veröffentlicht. Beurteilen Sie, ob dieser Zusammenhang der Veröffentlichung die literarische Qualität des Textes beeinträchtigt oder sogar aufhebt.
- Oder zur Autofiktionalität: Der Text enthält Hinweise zur Autofiktionalität. Stellen Sie dar, wie sich das Konzept der Autofiktionalität in die literarische Strömung der Postmoderne einfügt.

6.3 Überlegen Sie weitere mögliche Anknüpfungspunkte zum Unterricht.

Einen Vortrag zur Interpretation eines Kurzprosatextes halten

Beispiellösung

Die Geschichte „Joco", geschrieben von Helmut Krausser (2019), erzählt ein Geschehen in einer Eckkneipe in Berlin Neukölln. Der Ich-Erzähler ist offenbar ein Stammgast, er schildert verschiedene Ereignisse des Kneipenalltags.

Die vorliegende Geschichte beginnt mit dem Vorschlag des Erzählers an Manni, den Wirt, ein vom Ich-Erzähler erdachtes Getränk, einen Mix aus Cola und schwarzem Johannisbeersaft, in das Angebot der Kneipe aufzunehmen. Das Getränk nennt er „Joco" – es spiegelt den Titel der Geschichte wider. Der Wirt lehnt den kuriosen Vorschlag wegen geringer Umsatzaussichten ab. Daraufhin wendet sich der Erzähler verschiedenen Gästen zu, z. B. Rumpel, der sein Bierglas immer wieder mit eigenen Getränken auffüllt und sich dabei unbeobachtet fühlt. Oder Rolle, der durch den Verkauf eines Startups überraschend reich geworden ist, für Cheeseburger schwärmt und sich Gedanken über die Gurkenbeilage macht. Dabei kommt er ins Gespräch mit Ahmed, einem jungen türkischen Dachdeckerlehrling, der ihm einen originellen Vorschlag macht, wie er eine zusätzliche Gurkenbeilage auf den Cheeseburger bekommen kann.

In diese banal und abseitig erscheinenden Vorgänge flicht der Erzähler beinahe beiläufig eigene und fremde Lebensansichten ein. So begründet der Wirt seine Ablehnung des Joco-Vorschlags damit, dass er Wirt und kein Künstler wie der Erzähler sei, gleichwohl gibt er sich human, indem er den kleinen Betrug von Rumpel großzügig übersieht. Oder Rolle, der Aufstiegsmillionär, besucht die Eckkneipe, weil er meint, arme Leute seien schlauer als reiche. Er sieht sich durch den Tipp von Ahmed bestätigt und urteilt, arm zu sein mache erfinderisch. Daraus schließt der Erzähler, dass Intelligenz und Wohlstand keine voneinander abhängigen Variablen seien, Leben sei Chaos und meistens Glücksache. Deshalb spiele er Backgammon, denn alles sei möglich: zu verlieren oder zu gewinnen.

Die hier vertretenen Lebensansichten bilden einen paradoxen Kontrast zu üblichen Weisheiten, Maximen bzw. moralischen Empfehlungen für das Leben: der humane Wirt verzichtet auf den (kleinen) Umsatz von Rumpel, der Millionär hält die einfachen Menschen für klüger und erfindungsreicher als die erfolgreichen, Intelligenz und Erfolg sind nicht voneinander abhängig, das Leben verläuft in der Regel planlos, Backgammon ist ein Abbild des Lebens.

Das alles klingt wie eine Antithese zur allgemeinen Auffassung vom modernen Leben. Gleichwohl ist es in dieser kleinen Geschichte (fiktive) Realität und nicht ohne Überzeugung. So wird der Name der Kneipe, „Wildnis", zu einem eindrucksvollen Bild des Lebens abseits der allgemeinen Überzeugung.

Das anarchisch anmutende Bild der „Wildnis" wird vor allem von der Sprache der kleinen Geschichte getragen. Der leichte Plauderton (Parlandostil) mit seinen umgangssprachlichen Aussparungen und den fließenden Themen- und Personenwechseln verkörpert die Atmosphäre dieser Eckkneipe recht gut. Alles sieht einfach und überzeugend aus und ist doch ein Produkt gekonnten Erzählens.

Das ist typisch für eine gute Kurzgeschichte. Sie handelt von alltäglichem Geschehen, ist der Umgangssprache nahe, gibt einen Ausschnitt anstelle einer komplexen Geschichte wieder und zeichnet die Figuren grob typisiert.

Ihren Reiz und auch ihre Bedeutung bezieht die Geschichte aus dem Kontrast zur sterilen Hochglanz-Event-Kultur. Sie ist eine Kritik an der Postmoderne und zugleich ein Beispiel für diese Strömung der Gegenwartsliteratur.

Einleitungssatz: Autor, Titel, Jahr, Ort der Handlung
Erzählform
Zusammenfassung der Handlung
Schilderung der Figuren

begründete Deutung als Folge der Inhaltszusammenfassung

Deutung: Gesellschaftskritik, anarchische Weltsicht

Schlussfolgerung

Befunde zur Sprache als Beleg für die Interpretation

Erläuterungen zum Genre

abschließendes Urteil

Einen Kurzprosatext interpretieren

KOMPETENZBOX

Epische Texte

Handlung, Aufbau
- Handlungsverlauf
- äußere/innere Handlung
- einsträngig/mehrsträngig
- Handlungsmuster (chronologisch, Vor- und Rückblenden, Montage)

– episodenhaft
– Begegnungen in einer Eckkneipe
– verschiedene Typen und deren Ansichten

Genre
- Roman
- Novelle
- Kurzgeschichte
- Parabel
- Mischung von Genres

– Kurzgeschichte
– Merkmale: kurzer Textumfang, alltägliches Geschehen, wenig Personal/Typen, unvermittelte Eröffnung, sprachliche Nähe zum Alltag (Plauderton)

Sprache, Stil
- Satzbau, Wortwahl
- Sprachvarietäten, Stilebenen
- rhetorische Mittel

– Satzbau: komplex, aber übersichtlich
– Wortwahl/Stilebene: einfach, auch komplex, Mündlichkeit
– rhetorische Mittel: bildhaft, antithetisch bis paradox

Themen, Motive
- Wirklichkeitsbereich
- Grunderfahrungen
- Entwicklung einer Figur
- innere/äußere Konflikte

– Konsum
– Alltäglichkeit
– Gemeinschaft
– Pluralität
– Subkultur vs. Hochkultur

Figuren, Figurenkonstellation
- Haupt-/Nebenfiguren
- Spieler und Gegenspieler
- Dreiecksbeziehungen

– Männer mittleren Alters, Ausnahme: Ahmed
– Status: Mittelschicht und Prekariat
– Beziehungen der Figuren untereinander: Gäste, wechselseitge Akzeptanz

Textüberschreitende Aspekte
- Zeitumstände
- Autorenbiografie und Werk
- literarische Epoche bzw. Strömung
- Intertextualität

– Zeitumstände: Privatheit
– Autorenbiografie: Wahlberliner, Autofiktionalität
– literarische Epoche bzw. Strömung: Gegenwart, Elemente der Postmoderne
– Intertextualität: keine Hinweise

Erzählweise
- Erzählform
- Erzählperspektive
- Erzählverhalten
- Erzählhaltung
- Darstellungsformen
- Figurenrede
- Zeitgestaltung
- Raumgestaltung

– Ich-Erzählung
– Außensicht
– auktorial
– reflektiert
– epischer Bericht
– Figurenrede, Erzählerkommentar
– Zeitgestaltung: unbestimmt, episodenhaft
– Raumgestaltung: konstant, Einheit des Ortes

3 Interpretation eines Auszugs aus einem epischen Text

Eine rätselhafte Verwandlung

Franz Marc (1880–1969): *Tirol* (Öl auf Leinwand, 1914)

Auszüge aus epischen Texten verstehen

In epischen Texten wird das Geschehen von einer Erzählinstanz („Wer spricht?"/Erzählform) in unterschiedlicher zeitlicher Dauer und Anordnung (chronologisch oder nicht) und in linearen oder verzweigten Handlungssträngen erzählerisch ausgestaltet. Daraus leiten sich Formbestimmungen wie Roman, Novelle, Erzählung, Kurzgeschichte, … ab. Der Auszug aus der erzählten Welt (Figuren, Orts-, Zeit- und Handlungsumstände) muss eingeordnet und das zentrale Thema durch die Interpretation des Textauszugs auf den Punkt gebracht werden.

Interpretation eines Auszugs aus einem epischen Text

Aufgabenstellung

Stellen Sie Ihre Ergebnisse zu der folgenden Aufgabe in einem zusammenhängenden zehnminütigen Kurzvortrag dar.

- Interpretieren Sie den Textauszug aus der Novelle *Die Verwandlung* von Franz Kafka.

Franz Kafka, 1883–1924, Sohn jüdischer Eltern, wichtiger deutschsprachiger Autor des frühen 20. Jahrhunderts. Kafka wurde in Prag geboren und verbrachte sein Leben weitgehend dort. Das Leben als deutsch sprechende jüdische Minderheit war für Kafka in der mittelalterlich anmutenden Stadt Prag eine prägende Erfahrung, die in verschlüsselter Form in sein Werk einging. Kafka war mit den bekannten Schriftstellern Rainer Maria Rilke, Franz Werfel und Max Brod befreundet. Brod war es auch, der das Werk Kafkas nach seinem Tod weiter betreute und die Veröffentlichungen maßgeblich beeinflusste.

Franz Kafka: Die Verwandlung (1912)

Als Gregor Samsa eines Morgens aus unruhigen Träumen erwachte, fand er sich in seinem Bett zu einem ungeheuren Ungeziefer verwandelt. Er lag auf seinem panzerartig harten Rücken und sah, wenn er den Kopf ein wenig hob, seinen gewölbten, braunen, von bogenförmigen Versteifungen geteilten Bauch, auf dessen Höhe sich die Bettdecke, zum gänzlichen Niedergleiten bereit, kaum noch erhalten konnte. Seine vielen, im Vergleich zu seinem sonstigen Umfang dünnen Beine flimmerten ihm hilflos vor den Augen.

‚Was ist mit mir geschehen?' dachte er. Es war kein Traum. Sein Zimmer, ein richtiges, nur etwas zu kleines Menschenzimmer, lag ruhig zwischen den vier wohlbekannten Wänden. Über dem Tisch, auf dem eine auseinandergepackte Musterkollektion von Tuchwaren ausgebreitet war – Samsa war Reisender –, hing das Bild, das er vor kurzem aus einer illustrierten Zeitschrift ausgeschnitten und in einem hübschen, vergoldeten Rahmen untergebracht hatte. Es stellte eine Dame dar, die mit einem Pelzhut und einer Pelzboa versehen, aufrecht dasaß und einen schweren Pelzmuff, in dem ihr ganzer Unterarm verschwunden war, dem Beschauer entgegenhob.

Gregors Blick richtete sich dann zum Fenster, und das trübe Wetter – man hörte die Regentropfen auf das Fensterblech aufschlagen – machte ihn ganz melancholisch. ‚Wie wäre es, wenn ich noch ein wenig weiterschliefe und alle Narrheiten vergäße', dachte er, aber das war gänzlich undurchführbar, denn er war gewöhnt, auf der rechten Seite zu schlafen, konnte sich aber in seinem gegenwärtigen Zustand nicht in diese Lage bringen. Mit welcher Kraft er sich auch auf die rechte Seite warf, immer wieder schaukelte er in die Rückenlage zurück. Er versuchte es wohl hundertmal, schloss die Augen, um die zappelnden Beine nicht sehen zu müssen, und ließ erst ab, als er in der Seite einen noch nie gefühlten, leichten, stumpfen Schmerz zu fühlen begann.

‚Ach Gott', dachte er, ‚was für einen anstrengenden Beruf habe ich gewählt! Tagaus, tagein auf der Reise. Die geschäftlichen Aufregungen sind viel größer als im eigentlichen Geschäft zu Hause, und außerdem ist mir noch die Plage des Reisens auferlegt,

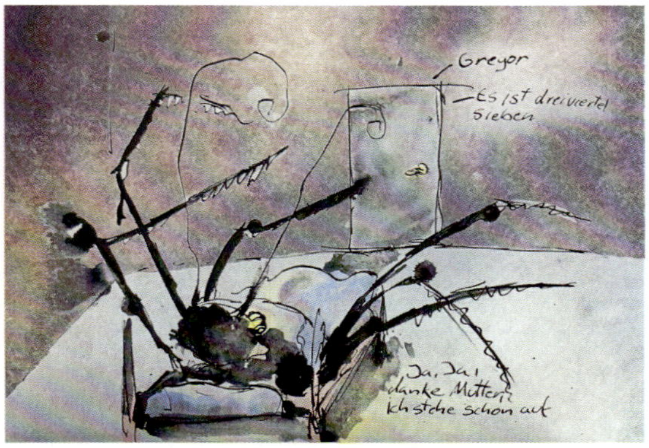

Björn Barends (*1982): Illustration zu Franz Kafka: *Die Verwandlung*

die Sorgen um die Zuganschlüsse, das unregelmäßige, schlechte Essen, ein immer wechselnder, nie andauernder, nie herzlich werdender menschlicher Verkehr. Der Teufel soll das alles holen!‘ Er fühlte ein leichtes Jucken oben auf dem Bauch, schob sich auf dem Rücken langsam zum Bettpfosten, um den Kopf besser heben zu können; fand die juckende Stelle, die mit lauter kleinen weißen Pünktchen besetzt war, die er nicht zu beurteilen verstand; und wollte mit einem Bein die Stelle betasten, zog es aber gleich zurück, denn bei der Berührung umwehten ihn Kälteschauer.

Er glitt wieder in seine frühere Lage zurück. ‚Dies frühzeitige Aufstehen‘, dachte er, ‚macht einen ganz blödsinnig. Der Mensch muss seinen Schlaf haben. Andere Reisende leben wie die Haremsfrauen. Wenn ich zum Beispiel im Laufe des Vormittgas ins Gasthaus zurückgehe, um die erlangten Aufträge zu schreiben, sitzen diese Herren erst beim Frühstück. Das sollte ich bei meinem Chef versuchen; ich würde auf der Stelle hinausfliegen. Wer weiß übrigens, ob das nicht gut für mich wäre. Wenn ich mich nicht wegen meiner Eltern zurückhielte, ich hätte längst gekündigt, ich wäre vor dem Chef hingetreten und hätte ihm meine Meinung von Grund des Herzens gesagt. Vom Pult hätte er fallen müssen! Es ist auch eine besondere Art, sich auf das Pult zu setzen und von der Höhe herab mit dem Angestellten zu reden, der überdies wegen der Schwerhörigkeit des Chefs ganz nahe herantreten muss. Nun, die Hoffnung ist noch nicht gänzlich aufgegeben; habe ich einmal das Geld zusammen, um die Schuld der Eltern an ihn abzuzahlen – es dürfte noch fünf bis sechs Jahre dauern –, mache ich die Sache unbedingt. Dann wird der große Schnitt gemacht. Vorläufig allerdings muss ich aufstehen, denn mein Zug fährt um fünf‘.

1. Die Aufgabenstellung erfassen – das erste Textverständnis festhalten

1.1 Lesen Sie den Text über das ungewöhnliche Geschehen um Gregor Samsa – ggf. auch zwei Mal –, um sich in die Situation des Protagonisten einzufühlen.
- Vergegenwärtigen Sie sich eine ähnliche Situation, bei der Sie lieber im Bett liegengeblieben wären (z. B., weil Sie sich vor einer Klausur gefürchtet haben).
- Notieren Sie Ihre Eindrücke während bzw. nach der Lektüre.

→ S. 13

1.2 Machen Sie sich klar, was die Aufgabenstellung von Ihnen verlangt. Was beinhaltet der Operator „Interpretieren Sie“?

2. Den Text aspektorientiert untersuchen

2.1 Oft ist in der Literatur für die Atmosphäre und die Einstimmung auf die Situation der erste Satz von besonderer Bedeutung. Markieren Sie im Text auf die Verwandlung bezogene sprachliche Hinweise bzw. Signale.

SO GEHT'S **Den Einstieg in einen Prosatext untersuchen**

Als Gregor Samsa eines Morgens aus unruhigen Träumen erwachte, fand er sich in seinem Bett zu einem ungeheuren Ungeziefer verwandelt.

Protagonist, Zeit → Innensicht, personale Erzählsituation
Passivkonstruktion → Protagonist nicht als aktiv Handelnder, sondern als jemand, mit dem etwas geschieht
Alliteration → Klangverstärkung, Intensivierung der bedrohlichen Situation

→ S. 33

2.2 Notieren Sie weitere sprachliche und inhaltliche Besonderheiten des Textes. Ziehen Sie dazu die Kompetenzbox auf Seite 33 heran. Es ist sinnvoll, mögliche Aspekte in der Prüfungsvorbereitung parat zu haben.
- Wählen Sie für den Text geeignete Aspekte aus. Es müssen nicht alle genutzt werden.
- Notieren Sie Ihre Untersuchungsergebnisse z.B. auch in einer Mindmap oder einem Cluster. Sie können sich an dem folgenden Beispiel orientieren.

Cluster
01 S. 76

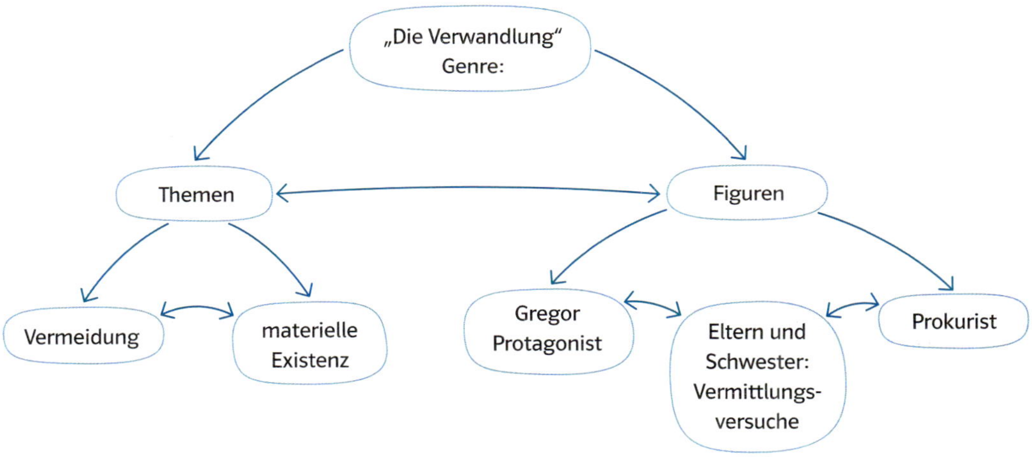

3. Eine Deutungshypothese als Vortragsidee entwickeln

3.1 Skizzieren Sie in wenigen Sätzen eine Deutungshypothese, in der Sie Ihr Gesamtverständnis des Textes auf den Punkt bringen. Daraus lässt sich die Vortragsidee ableiten.

____

____

____

____

____

Sollten Sie Schwierigkeiten haben, sich ein eigenes Bild von dem Text zu machen, nehmen Sie die Hilfen auf der folgenden Seite in Anspruch. Fragen Sie sich im Anschluss, wo Ihre Probleme lagen, eine eigene Deutungsidee zu entwickeln.

A Gregor fühlt sich vom Leben maßlos überfordert. Die Verwandlung ist das literarische Bild seines Wunsches, der Situation des entfremdeten Lebens zu entkommen/entfliehen.

B Die Verwandlung ist Ausdruck der Unterdrückung in der modernen (industriellen) Gesellschaft.

C Das für das eigene Leben verantwortliche Individuum zerbricht an den fremdbestimmten Anforderungen der modernen Gesellschaft.

D Eine psychologische Interpretation könnte sich auf den Konflikt mit dem Vater stützen, der die Familie in Schulden geführt hat, die Gregor, der Sohn, nun abarbeiten soll.

3.2 Gestalten Sie nun Ihre Deutungshypothese als Vortragsidee aus, indem Sie die von Ihnen erarbeiteten Merkmale und Aussagen des Textes heranziehen (vgl. Aufgabe 2.2). So entsteht eine Stoffsammlung für den folgenden Prüfungsvortrag.

4. Die Untersuchungsergebnisse ordnen und Stichwortkarten anlegen

4.1 Erstellen Sie auf der Basis Ihrer Deutungshypothese und der Stoffsammlung eine Gliederung Ihres Vortrags. Orientieren Sie sich dabei an der typischen Aufteilung in Einleitung, Hauptteil und Schluss.
- Vermeiden Sie eine Reihung von Daten und Informationen, bilden Sie aussagekräftige Zusammenhänge.
- Eine sinnvolle Darstellungsweise bei längeren Texten ist der Weg über eine Inhaltsangabe. Das wesentliche Geschehen muss konzentriert und strukturiert zusammengefasst werden.

Tote Küchenschabe auf einem Holzboden (mit Ölfarbe übermaltes Foto)

SPRACHTIPP

Den Beginn einer Inhaltsangabe formulieren

Franz Kafka, ein wichtiger Autor der literarischen Moderne, erzählt in seiner Novelle „Die Verwandlung" aus dem Jahr 1912 die Geschichte des vom Leben überforderten Gregor Samsa. Dieser erwacht eines Morgens in einen Käfer verwandelt …

ÜBRIGENS

Wenn Sie Texte des Autors kennen, die thematisch mit dem Prüfungstext vergleichbar sind, können Sie zusätzlich punkten, indem Sie diese zur Interpretation mit heranziehen. Sehr bekannt ist zum Beispiel diese kleine Parabel von Franz Kafka:

Franz Kafka: Kleine Fabel (1920)

„Ach", sagte die Maus, „die Welt wird enger mit jedem Tag. Zuerst war sie so breit, dass ich Angst hatte, ich lief weiter und war glücklich, dass ich endlich rechts und links in der Ferne Mauern sah, aber diese langen Mauern eilen so schnell aufeinander zu, dass ich schon im letzten Zimmer bin, und dort im Winkel steht die Falle, in die ich laufe." – „Du musst nur die Laufrichtung ändern", sagte die Katze

5. Den Vortrag konzipieren

5.1 Halten Sie Ihren Vortrag vor einer Partnerin/einem Partner.

5.2 Übergeben Sie Ihrer Partnerin/Ihrem Partner die Aufgabe mit dem hier ausgeführten Leitfaden.

5.3 Halten Sie Ihren Vortrag.

→ S. 14 5.4 Werten Sie den Vortrag gemeinsam aus. Nutzen Sie dazu den Beurteilungsbogen.

5.5 Verabreden Sie weitere Übungssequenzen.

6. Das Prüfungsgespräch antizipieren

6.1 Erstellen Sie eine Liste über die in der Partnerübung festgestellten Verbesserungsmöglichkeiten hinsichtlich des Inhalts und der Vortragsweise.

6.2 Notieren Sie fachliche Überschneidungen des Prüfungsthemas mit Themen, Texten und Lektüren aus dem Unterricht.

6.3 Überlegen Sie, welche Stärken Sie durch Ihren Vortrag der Prüfungskommission für ein Prüfungsgespräch anbieten können.

6.4 Überlegen Sie, welche Gesprächsimpulse von der Prüfungskommission ausgehen könnten, z. B.: Das Motiv der Verwandlung ist charakteristisch für viele Märchen. Sehen Sie Gemeinsamkeiten zwischen Kafkas Text und einem klassischen Märchen?

6.5 Gibt es ausgehend vom Textauszug aus *Die Verwandlung* theoretische Themen aus dem Unterricht, an die das Prüfungsgespräch anknüpfen könnte, z.B. zur literarischen Epoche?
- Kafkas Text gilt als Musterbeispiel für die klassische Moderne. Welche Themen, Gedanken und Fragen prägen diese literarische Epoche und inwiefern finden sich diese in Kafkas Text wieder?

6.6 Überlegen Sie weitere mögliche Anknüpfungspunkte zum Unterricht.

Einen Vortrag zur Interpretation eines epischen Textes halten

Beispiellösung

Franz Kafka erzählt in „Die Verwandlung" aus dem Jahr 1912 die ungewöhnliche Geschichte eines jungen Mannes, Gregor Samsa, der nachts zu einem Käfer geworden ist. Er liegt im Bett und kann sich plötzlich nicht wie gewohnt bewegen. Der Panzer und die kurzen Beine behindern ihn. Kafka erzählt die Geschichte aus der Perspektive des Betroffenen, als sei der Vorgang real.

Gregor nimmt seine Verwandlung zwar wahr, will aber zunächst nicht daran glauben, er verweist auf das trübe Wetter und fühlt sich übermüdet, noch im Traum, und denkt, mit etwas Schlaf würde sich der Vorgang als Irrtum erweisen. Das ist jedoch nicht der Fall. So bewegt sich die Geschichte in dem Textauszug zwischen der ungläubigen Wahrnehmung und der realen Verwandlung hin und her. Zugleich denkt der Protagonist über sein unwürdiges Leben nach. Er lebt in einem für Menschen zu kleinen Zimmer, seine Arbeit ist hart, wenig einträglich und er fühlt sich von seinem Chef streng beobachtet und unter Druck gesetzt. Gregor überlegt kurz, seine Situation zu verändern, muss den Gedanken jedoch auf eine ungewisse Zukunft verschieben, weil er für die Familie sorgen und die Konkursschulden des Vaters begleichen muss. Selbst für die Liebe bleibt ihm nur die kleine Sehnsucht eines aus einer Illustrierten geschnittenen Bildes einer schönen Frau, das er golden gerahmt in seinem kleinen Zimmer aufgehängt hat.

Die Aussichtslosigkeit des Lebens erscheint dem Protagonisten wie eine Umklammerung, aus der es kein Entkommen zu geben scheint. Die Pflicht des modernen Menschen zur Selbstverantwortung entpuppt sich als Farce, die Verwandlung ist daher ein schlichter Fluchtversuch.

Kafka erzählt mit der „Verwandlung" geradezu prototypisch die groteske Situation des an der modernen Welt leidenden Individuums. Es entsteht ein Gegenbild zur Klassik und Romantik. Das Humanitätsideal der Klassik scheint sich in ein Zerrbild gewandelt zu haben und die Denkbilder der Romantik, Gefühl, Leidenschaft, Liebe, Freundschaft, usw. spielen lediglich als abwesende Sehnsüchte, als Ausdruck eines Verlustes eine Rolle. Das Individuum erlebt sich als erduldendes Wesen, es ist vorhanden, aber kaum lebenstüchtig.

Dieser Zustandsbeschreibung entspricht die subjektive und personale Erzählform des Gregor Samsa. Die inneren Monologe zeigen ihn als empfindsam, aber er kann auf Grund der vielfältigen Einflüsse, die ihn treffen, keine Befreiung aus seiner engen Situation entwickeln. Nach einem starken Auftakt, in dem der Autor die Verwandlung des Protagonisten durch eine Reihung von Wörtern mit dunklen U-Vokalen geradezu sinnlich erfahrbar macht, wird der Erzählstil auf dem ersten Blick eher sachlich. Erst bei genauerem Hinsehen sind starke Akzentuierungen zu erkennen. Der „panzerartig harte Rücken", die „bogenförmigen Versteifungen" des Käfers, das zu kleine „Menschenzimmer", die „Narrheiten", die er meint in seiner Verwandlung zu sehen, sind Beispiele dafür, dass hier bewusst und mit Eindringlichkeit erzählt wird – wie es der Situation der Figur in der Geschichte entspricht.

Einleitungssatz: Autor, Titel, Erscheinungsjahr, Thema Protagonist

Erzählperspektive: personal

Beginn der Wiedergabe der Handlung
innerer Monolog

inhaltliche Ambiguität als Ausgangspunkt für die Deutung
Beschreibung der Themen und Motive

Schlussfolgerung aus der Analyse der Themen und Motive

Interpretation: Einordnung in die Epoche der klassischen Moderne

Interpretation: Verbindung von Erzählform und Inhalt

Analyse der Sprache: Verbindung der sprachlichen Mittel mit der Interpretation

Fazit: Klammer zur Einleitung

Einen Auszug aus einem epischen Text interpretieren

KOMPETENZBOX

Epische Texte

Handlung, Aufbau
- Handlungsverlauf
- äußere/innere Handlung
- einsträngig/mehrsträngig
- Handlungsmuster (chronologisch, Vor- und Rückblenden, Montage)

– chronologischer Aufbau
– Folgen der Verwandlung für Gregor und die Familie
– verschiedene Typen und deren Ansichten

Genre
- Roman
- Novelle
- Kurzgeschichte
- Parabel
- Mischung von Genres

– epischer Text (Novelle)
– Merkmale: außergewöhnliches Ereignis, Krisenerzählung, kurze, geschlossene Handlung, sehr überschaubares Personal

Sprache, Stil
- Satzbau, Wortwahl
- Sprachvarietäten, Stilebenen
- rhetorische Mittel

– Satzbau: komplex und strukturiert
– Wortwahl/Stilebene: einfach starke Adjektive
– rhetorische Mittel: bildhaft, antithetisch bis paradox

Themen, Motive
- Wirklichkeitsbereich
- Grunderfahrungen
- Entwicklung einer Figur
- innere/äußere Konflikte

– Verwandlung
– Ich-Krise
– Vereinzelung
– Familie
– Arbeitswelt
– Liebe

Figuren, Figurenkonstellation
- Haupt- /Nebenfiguren
- Spieler und Gegenspieler
- Dreiecksbeziehungen

– Hauptfigur: Gregor Samsa, ca. Mitte zwanzig, Reisender, bescheiden, vom Leben überfordert
– Nebenfiguren: Vater, Mutter, Schwester, Prokurist
– Beziehungen der Figuren untereinander: (vermeintliche) Sorge um Gregor

Textüberschreitende Aspekte
- Zeitumstände
- Autorenbiografie und Werk
- literarische Epoche bzw. Strömung
- Intertextualität

– Zeitumstände: Umbruch, Industrialisierung
– Autorenbiografie: schwieriges Verhältnis zum Vater, Arbeit in einer Versicherung
– literarische Epoche bzw. Strömung: Moderne
– Intertextualität: indirekte Epochenabgrenzung

Erzählweise
- Erzählform
- Erzählperspektive
- Erzählverhalten
- Erzählhaltung
- Darstellungsformen
- Figurenrede
- Zeitgestaltung
- Raumgestaltung

– Er-Erzählung
– überwiegend Innensicht
– neutrale Erzählhaltung
– neutrales Erzählverhalten
– innerer Monolog, epischer Bericht, Figurenrede
– Zeitgestaltung: chronologisch
– Raumgestaltung: konstant

4 Interpretation eines Gedichts

Großstadtliebe

Otto Dix (1891–1969): *Die Großstadt* (Triptychon 1927/28, Lasur auf Holz)

Gedichte verstehen

Gedichte sind sprachlich sehr bewusst komponierte und dadurch inhaltlich aufgeladene, also zumeist stark verdichtete Texte, die gedeutet werden müssen. Oft folgt ihr Aufbau zeit- oder epochentypischen Mustern (Gedichtformen). Bereits die Überschrift, sofern das Gedicht eine besitzt, muss zum Verständnis herangezogen werden. Eine erste Annäherung an den Text kann über Erschließungsfragen erfolgen: Wer spricht? Worum geht es? Was fällt sprachlich und formal auf? Was haben Inhalt und Form miteinander zu tun? Wie spiegelt sich die Entstehungszeit im Text wider?

Interpretation eines Gedichts

Aufgabenstellung

Stellen Sie Ihre Ergebnisse zu der folgenden Aufgabe in einem zusammenhängenden zehnminütigen Kurzvortrag dar.

- Interpretieren Sie das vorliegende Liebesgedicht.
- Zeigen Sie dabei auf, inwiefern sich die literarische Strömung der Neuen Sachlichkeit in Inhalt, Sprache und Form des Gedichts widerspiegelt.

Mascha Kaléko (1907–1975) wurde als Jüdin immer wieder mit Antisemitismus konfrontiert. Nachdem die Nationalsozialisten 1937 ihre Bücher verboten hatten, emigrierte sie mit ihrer Familie in die USA, wo sie Reklametexte und Kindergedichte schrieb. Nach dem Krieg fand ihr wiederaufgelegtes *Lyrisches Stenogrammheft* (1933) eine breitere Leserschaft. Auch ihre *Verse für Zeitgenossen* (1945) wurden weithin bekannt. Charakteristisch für ihre Lyrik, in der sie das Leben der „kleinen Leute" schildert, ist ein Ton, der (ironische) Heiterkeit und nachdenkliche Melancholie miteinander verbindet.

Mascha Kaléko: Großstadtliebe* (1933)

Man lernt sich irgendwo ganz flüchtig kennen
Und gibt sich irgendwann ein Rendezvous.
Ein Irgendwas, – 's ist nicht genau zu nennen –
Verführt dazu, sich gar nicht mehr zu trennen.
Beim zweiten Himbeereis sagt man sich „du".

Man hat sich lieb und ahnt im Grau der Tage
Das Leuchten froher Abendstunden schon.
Man teilt die Alltagssorgen und die Plage,
Man teilt die Freuden der Gehaltszulage,
... Das übrige besorgt das Telephon.

Man trifft sich im Gewühl der Großstadtstraßen.
Zu Hause geht es nicht. Man wohnt möbliert.
– Durch das Gewirr von Lärm und Autorasen,
– Vorbei am Klatsch der Tanten und der Basen
Geht man zu zweien still und unberührt.

Man küßt sich dann und wann auf stillen Bänken,
– Beziehungsweise auf dem Paddelboot.
Erotik muß auf Sonntag sich beschränken.
... Wer denkt daran, an später noch zu denken?
Man spricht konkret und wird nur selten rot.

Man schenkt sich keine Rosen und Narzissen,
Und schickt auch keinen Pagen sich ins Haus.
– Hat man genug von Weekendfahrt und Küssen,
Läßt mans einander durch die Reichspost wissen
Per Stenographenschrift ein Wörtchen: „aus"!

---

* Text in alter Rechtschreibung

1. Die Aufgabenstellung erfassen – das erste Textverständnis festhalten

→ S. 13, 35

1.1 Markieren Sie die Operatoren in der Aufgabenstellung und erläutern Sie, welche konkreten Arbeitsschritte und Anforderungen diese beinhalten.

1.2 Notieren Sie Ihren ersten Eindruck zu dem Gedicht: Welche Stimmung, Gedanken und Gefühle löst es in Ihnen aus?

1.3 Lesen Sie das Gedicht noch einmal aufmerksam durch und notieren Sie stichpunktartig, was Ihnen spontan zu Inhalt, Form und sprachlicher Gestaltung auffällt.

2. Den Text aspektorientiert untersuchen

2.1 Erstellen Sie eine semantische Kartografie des Gedichts, in der Sie wesentliche strukturelle und sprachliche Befunde festhalten.

SO GEHT'S **Eine semantische Kartografie erstellen**

Man lernt sich irgendwo ganz flüchtig kennen
Und gibt sich irgendwann ein Rendezvous.
Ein Irgendwas, – 's ist nicht genau zu nennen –
Verführt dazu, sich gar nicht mehr zu trennen.
Beim zweiten Himbeereis sagt man sich „du".

Mischung aus Kreuzreim und umarmendem Reim → ungewöhnliches Reimschema als Spiegel einer gesellschaftlich nicht anerkannten Beziehung?
Metrum: alternierender Jambus → temporeiche Schilderung
Indefinitpronomen → distanzierter, unpersönlicher Beginn
Alltagschilderungen
Antithesen: Sorgen des grauen, dunklen Alltags ↔ (oberflächliche?) materielle Freuden leuchtender, heller Abendstunden

Man hat sich lieb und ahnt im Grau der Tage
Das Leuchten froher Abendstunden schon.
Man teilt die Alltagssorgen und die Plage,
Man teilt die Freuden der Gehaltszulage,
... Das übrige besorgt das Telephon.

...

Man schenkt sich keine Rosen und Narzissen,
Und schickt auch keinen Pagen sich ins Haus.
– Hat man genug von Weekendfahrt und Küssen,
Läßt mans einander durch die Reichspost wissen
Per Stenographenschrift ein Wörtchen: „aus"!

Parallelismus → Ende der Beziehung ist unwiderruflich, es bleibt nichts („kein") übrig, Bezug zum Anfang („irgendwo", „irgendwann")
Neologismus spiegelt die neue, moderne Zeit wider
Diminutiv als Zeichen für die unbedeutende, „kleine" Beziehung
Ellipse: unpersönliches, sachliches Ende der Beziehung ist zugleich das Ende des Gedichts

→ S. 41

2.2 Notieren Sie die zentralen Analyseaspekte lyrischer Texte.

2.3 Analysieren Sie das Gedicht und setzen Sie dabei selbst gewählte Schwerpunkte.

2.4 Beurteilen Sie die folgenden analytischen Passagen durch ein Plus- oder Minuszeichen als „gelungen" [+] oder „nicht gelungen" [–]. Achten Sie dabei auf Inhalt und Sprache.

A *An der Überschrift „Großstadtliebe" zeigt sich, dass das Gedicht der Epoche der Neuen Sachlichkeit zuzuordnen ist.* ☐

B *Dass der lyrische Sprecher von einer unpersönlichen, distanzierten Beziehung berichtet, in der keine großen Gefühle herrschen, wird durch das in allen Strophen wiederkehrende Indefinitpronomen „man" verdeutlicht.* ☐

C *Das „Himbeereis" (V. 5) spiegelt die Kälte wider, die zwischen beiden Personen herrscht.* ☐

D *Durch die Alliteration „Gewühl der Großstadtstraßen" (V. 11) wird deutlich, dass die Beziehung zwischen ihnen keinen ruhigen, geschützten Ort hat.* ☐

E *Dass beide „konkret" sprechen und „nur selten rot" werden (vgl. V. 20), unterstreicht, dass sie keine wirklichen Gefühle füreinander haben. Der vorsichtige, respektvolle Umgang miteinander, zu dem auch Scheu und Verlegenheit gehören, intime Dinge auszusprechen und der zu einer innigen Liebesbeziehung dazugehört, sind in dieser Beziehung nicht zu erkennen.* ☐

F *In der elliptischen Botschaft „aus"! finden sowohl die Beziehung als auch das Gedicht selbst ein abruptes Ende.* ☐

2.5 Überprüfen Sie die Ergebnisse Ihrer Analyse, indem Sie das Gedicht noch einmal gründlich lesen.

01 **Neue Sachlichkeit** S. 21

2.6 In der Aufgabenstellung wird von Ihnen erwartet, dass Sie aufzeigen, inwiefern sich Merkmale der Neuen Sachlichkeit in Inhalt, Sprache und Form des Gedichts widerspiegeln.
Rufen Sie sich wesentliche Aspekte der Neuen Sachlichkeit in Erinnerung und notieren Sie diese stichpunktartig. Folgende Fragen können Ihnen dabei helfen:
- In welchem Zeitraum wird die Neue Sachlichkeit verortet?
- Von welcher Strömung grenzt sich die Neue Sachlichkeit ab?
- Welche Themen und Motive prägen viele Texte der Neuen Sachlichkeit?
- Welche Gattungen oder Genres sind charakteristisch für die Neue Sachlichkeit?
- Gibt es sprachliche Merkmale oder einen bestimmten Sprachstil, die Texte der Neuen Sachlichkeit auszeichnen?

2.7 Ergänzen Sie die folgende Tabelle mit Stichworten zu dem jeweiligen Aspekt.

Strophe	Inhalt	sprachliche Mittel	Deutung	Bezug zur Neuen Sachlichkeit
1	„flüchtiger", örtlich und zeitlich nicht näher benannter Beginn einer Bekanntschaft			Titel: Großstadtliebe
2		Antithesen: „Grau der Tage" ↔ „Leuchten früher Abendstunden"; Alltagssorgen" ↔ „Freuden der Gehaltszulage"		
3				von Technik und Wirtschaft geprägtes Leben in der Großstadt
4			vom Arbeitsleben begrenzte, pragmatisch-nüchterne Form der Zweisamkeit, in der (fast) alles ausgesprochen wird, sodass es wenig Raum für Romantik gibt	

Strophe	Inhalt	sprachliche Mittel	Deutung	Bezug zur Neuen Sachlichkeit
5	Ende der oberflächlichen Beziehung aus mangelndem Interesse, lakonische Trennung		Der moderne, geschäftig-sachliche Umgang miteinander („Telephon" und „Stenographenschrift") führt zu distanzierten, unpersönlichen („man") zwischenmenschlichen Beziehungen.	

3. Eine Deutungshypothese als Vortragsidee entwickeln

3.1 Fassen Sie die Ergebnisse Ihrer Analyse des Gedichts in einer kurzen Deutungshypothese zusammen.

3.2 Sammeln Sie ausgehend von Ihrer Deutungshypothese Argumente und Textnachweise, mit denen Sie diese in Ihrem Vortrag entfalten und belegen können. Beachten Sie dabei auch den in der Aufgabenstellung verlangten Bezug zur Strömung der Neuen Sachlichkeit.

3.3 Notieren Sie eine geeignete Reihenfolge, nach der Sie Ihre Argumentation entfalten wollen.

4. Die Untersuchungsergebnisse ordnen und Stichwortkarten anlegen

→ S. 21

4.1 Ordnen Sie Ihre Deutungshypothese und Ihre Untersuchungsergebnisse in der Reihenfolge an, in der Sie Ihren Vortrag strukturieren wollen.

→ S. 10

4.2 Übertragen Sie die Reihenfolge Ihrer Argumentation auf einzelne Stichwortkarten.

5. Den Vortrag konzipieren

5.1 Formulieren Sie einen Einstieg in Ihren Vortrag. Wenn Ihnen kein eigener Einstieg einfällt, können Sie sich an den folgenden Ideen orientieren und diese ergänzen oder variieren.

Definition: Epoche Neue Sachlichkeit	Zitat: aus dem Gedicht oder allgemein über die Liebe	zentrales Strukturmerkmal: Indefinitpronomen „man"
Gegensatz: „romantische" vs. „sachliche" Liebe	Frage: „Kann wahre Liebe sachlich sein?"	aktuelles Ereignis: Hochzeit eines prominenten Paares

5.2 Überprüfen Sie die folgenden Einstiegsvarianten im Hinblick auf Stärken und Schwächen.

A *Bei dem vorliegenden Gedicht „Großstadtliebe" von Mascha Kaléko handelt es nicht um ein Liebesgedicht. Vielmehr wird in dem Gedicht aus dem Jahr 1933 gezeigt, wie eine Beziehung – keine Liebesbeziehung – zwischen zwei Menschen in der Hektik des Alltags zerbricht. Dies ist meine Deutungshypothese, die ich im folgenden Vortrag belegen möchte.*

B *Die Epoche der Neuen Sachlichkeit ist eine nüchterne, illusionslose Darstellung des Alltags und thematisiert vor allem die Folgen der Technisierung und Industrialisierung für den Menschen. Dies geschieht oft auf lakonische, nüchterne, mitunter auch ironische Art und Weise. Das Gedicht „Großstadtliebe" von Mascha Kaléko aus dem Jahr 1933 gehört zu eben jener Epoche. Im Folgenden werde ich typische Merkmale dieser Epoche aufzeigen.*

> **C** *In dem Gedicht „Großstadtliebe" von Mascha Kaléko aus dem Jahr 1933 geht es, wie der Titel schon sagt, um eine Großstadtliebe. Wie eine Beziehung damals in den 30er Jahren in der Großstadt eben geführt wurde.*

5.3 Notieren Sie im Anschluss an den Einstieg in Ihrem Vortrag einen Übergang zu Ihrer Argumentation.

5.4 Notieren Sie Überlegungen zu Ihrem Schluss, indem Sie einen Bezug zur Einleitung herstellen und Ihr Interpretationsergebnis zusammenfassen. Dabei können Sie beweisen, „mehr zu wissen", das Thema also erweitern oder in einen größeren Zusammenhang stellen, indem Sie z. B. auf Liebesgedichte anderer Epochen eingehen und einen Bezug zum Gedicht von Mascha Kaléko herstellen.

→ S. 14

5.5 Partnerübung: Halten Sie Ihren gesamten Vortrag vor einer Partnerin oder einem Partner und werten Sie ihn anschließend gemeinsam aus.
- Achten Sie auf eine adäquate Körpersprache und Stimmführung.
- Nutzen Sie den Beurteilungsbogen auf S. 14 für die anschließenden Rückmeldungen.
- Schätzen Sie als Prüfling nach dem Vortrag Ihre Leistung zunächst selbst ein.
- Lassen Sie Ihre Partnerin oder Ihren Partner Feedback geben. Sie oder er sollte dabei nach der Cookie-Lemon-Cookie- bzw. Sandwichmethode vorgehen: Am Beginn des Feedbacks sollten immer positive Aspekte stehen, anschließend die weniger gelungenen Punkte. Das Ende des Feedbacks sollte grundsätzlich positiv sein.
- Wichtig ist, dass im Feedback konkrete Verbesserungsvorschläge gemacht werden.

5.6 Notieren Sie neben den Stärken Ihrer Vortragsweise vor allem auch die Schwächen, um diese effektiv verbessern zu können. Selbsterkenntnis ist der erste Weg zur Besserung.

6. Das Prüfungsgespräch antizipieren

Im Folgenden finden Sie eine Auswahl möglicher Impulse und Fragen für das anschließende Prüfungsgespräch. Meist bezieht sich dieses Gespräch anfangs auf zentrale Motive, sprachliche Bilder oder auffällige strukturelle Merkmale des Gedichts, das Sie als Grundlage für die mündliche Prüfung erhalten haben.

6.1 Nennen Sie typische Merkmale der literarischen Strömung der Neuen Sachlichkeit.

6.2 Vergleichen Sie die Neue Sachlichkeit mit der Romantik.

6.3 Überprüfen Sie die These: „Die Neue Sachlichkeit kann als Gegenbewegung der Romantik verstanden werden." Gehen Sie wie folgt vor:
- Definieren Sie zentrale Begriffe der These.
- Sammeln Sie Argumente, die die These bestätigen.
- Sammeln Sie Argumente, die die These widerlegen.
- Entscheiden Sie sich, ob Sie die These verifizieren oder falsifizieren und setzen Sie hier Ihren argumentativen Schwerpunkt.
- Formulieren Sie ein begründetes Fazit, in dem Sie Ihre Überprüfung kurz und präzise zusammenfassen.

→ S. 41

6.4 Erläutern Sie textüberschreitende Aspekte, die für die Gedichtinterpretation herangezogen werden können (vgl. Kompetenzbox S. 41).

6.5 Diskutieren Sie die These, das Gedicht *Großstadtliebe* sei kein Liebesgedicht.

6.6 Erläutern Sie die Bedeutung von Humor und Ironie für das Gedicht.

6.7 „Werke aus der Epoche der Neuen Sachlichkeit sind oberflächlich, plakativ und gehen nicht in die Tiefe." Setzen Sie sich mit dieser Aussage auseinander.

Einen Vortrag zu einer Gedichtinterpretation halten

Beispiellösung

Das vorliegende Gedicht „Großstadtliebe" aus dem Jahr 1933 von Mascha Kaléko zählt zur literarischen Strömung der Neuen Sachlichkeit und thematisiert die Unmöglichkeit, in der schnelllebigen Großstadt eine tiefe Beziehung zu führen. Im Folgenden werde ich zeigen, dass es sich bei dem Gedicht trotz des Titels ***Großstadtliebe*** *nicht um ein Liebesgedicht handelt.*
Das Gedicht umfasst insgesamt fünf Strophen, die jeweils aus fünf Versen bestehen und in einer Mischung aus Kreuzreim und umarmendem Reim verfasst sind. Darauf werde ich später nochmals zurückkommen.

Basissatz:
Titel des Gedichts, Erscheinungsjahr und Epoche, Autorin, Thema
Deutungshypothese
formale Aspekte

Inhaltlich lässt sich das Gedicht wie folgt zusammenfassen:
Ein lyrischer Sprecher schildert lakonisch die Flüchtigkeit einer kurzen (Liebes)beziehung in einer nicht näher benannten Großstadt.
Das Gedicht ist in einem nüchternen, mitunter auch augenzwinkernd-ironischen Stil verfasst. Als Leser erfüllt einen durchaus eine gewisse Wehmut; man fühlt sich an ähnliche Situationen erinnert, in denen in der Hektik des Alltags eine beginnende Liebesbeziehung oder Freundschaft zerbrochen ist.

Inhaltszusammenfassung und Struktur des Gedichts
Sprache: Stil

Sprachlich drückt sich die Unverbindlichkeit der Beziehung bereits in der ersten Strophe in Vers 1 durch die Verwendung des Indefinitpronomens „man" aus, das die Anonymität der Großstadt verstärkt: Den Liebenden werden keine individuellen Eigenschaften zugeschrieben, sie bleiben im gesamten Gedicht ebenso vage und unbestimmt wie Ort und Zeitpunkt des Kennenlernens und die Gefühle füreinander (vgl. Vers 1–3). Diese Aspekte sind typisch für die Epoche der Neuen Sachlichkeit.
Der Vers 12, „Man wohnt möbliert" deutet darauf hin, dass die Beziehung gesellschaftlich nicht akzeptiert ist: Vermutlich handelt es sich um ein unverheiratetes Paar, das sich heimlich treffen muss, da Liebesbeziehungen in den 1930er Jahren außerhalb der Ehe als moralisch verwerflich galten.

sprachliche Mittel

Die ungewöhnlichen und schwierigen Umstände dieser Beziehung spiegeln sich auch im eingangs bereits erwähnten Reimschema, der Mischung aus Kreuzreim und umarmendem Reim wider (vgl. Strophe eins: ABAAB).
Das Hektik der Großstadt drückt sich zudem im alternierenden Jambus aus, der für einen schnellen Sprechrhythmus sorgt.

formale Aspekte:
Reimschema und Metrum

Handelt es sich bei dem vorliegenden Gedicht nun um ein Liebesgedicht? Vers 6, „Man hat sich lieb", scheint diese Frage zunächst zu bejahen, doch in der wiederkehrenden, unpersönlichen Formulierung „man" werden die Liebenden anonymisiert und entindividualisiert. Zwar drückt die als Antithese zur Metapher „Grau der Tage" (Vers 6) zu lesende Personifizierung „Das Leuchten froher Abendstunden" (Vers 7) Vorfreude aus, doch diese bezieht sich allein auf die abendliche, der reinen Zerstreuung dienende Unterhaltung. In Strophe 2 deutet sich bereits an, dass die unverbindliche Beziehung (vgl. Vers 10) von Alltagssorgen dominiert wird, was durch den Parallelismus in den Versen 8 und 9 unterstrichen wird und dass die Beziehung gesellschaftlich nicht akzeptiert wird (vgl. Vers 12), worunter auch die Erotik leidet (vgl. Vers 18). […]

sprachliche Mittel

In der letzten Strophe wird schließlich das Ende der Beziehung besiegelt: „[M]an [hat] genug von Weekendfahrt und Küssen" (Vers 23). Hier zeigt sich ein moderner Aspekt, der mit Blick auf die Entstehungszeit des Gedichts überrascht und gleichzeitig nachdenklich stimmt. Nicht nur das englische „Weekend" im Kompositum „Weekendfahrt" überrascht, sondern auch die sachlich-emotionslose Trennung: Lange vor Mobiltelefon und SMS wird das Ende der Beziehung bereits hier elliptisch im Telegrammstil mitgeteilt (vgl. Vers 25) – ganz so, wie es heute oft üblich ist. […]

Gegenwartsbezug

Auch wenn es der Titel nahelegt, kann von einer wahren, romantischen „Liebe" daher nicht die Rede sein.

Fazit mit Rückbezug auf die Deutungshypothese

Ein Gedicht interpretieren

KOMPETENZBOX

Lyrische Texte

Thema, Stoff
- Wirklichkeitsbereich
- Grunderfahrungen

– (Liebes-)Beziehung zwischen zwei Menschen
– Leben in der Großstadt
– Fremdheits- und Vertrautheitserfahrungen
– Lebensentwürfe vor dem Hintergrund der Machtergreifung Hitlers

Inhaltlicher Aufbau
- Motive
- Stimmung
- Gedankenführung

– Liebesmotiv
– nüchterner, pragmatischer Umgang miteinander
– oberflächliche Begegnung
– Schilderung einer „Großstadtliebe" in fünf Strophen: erstes Kennenlernen, Alltag, Trennung

Lyrischer Sprecher
- Sprechsituation
- Sprechhaltung
- Sprechabsicht

– nicht näher benannter lyrischer Sprecher
– „man" könnte auf den Hintergrund eigener Erfahrungen schließen lassen
– distanzierte, neutrale, (leicht ironische?) Sprechhaltung

Lyrisches Genre
- z. B. Sonett, Ballade, Hymne, Lied

– Gedicht mit fünf Strophen

Sprache, Stil
- Stilmittel
- Bildlichkeit
- Wortwahl
- Satzbau

– Parallelismus (V. 1, 6, 11, 16, 21), Metaphern (V. 6f.), Neologismus (V. 23)
– insgesamt nüchterne Alltagssprache, Parenthesen (V. 3, 13 f., 23)
– einfacher, parataktischer Satzbau

Textüberschreitende Aspekte
- Zeitumstände
- Autorenbiografie und Werk
- literarische Epoche, Gattungsgeschichte

– Ende der Weimarer Republik, Machtergreifung Hitlers
– Neue Sachlichkeit
– Mascha Kaléko (1907–1975), jüdische Dichterin, vor allem durch Großstadtlyrik bekannt, Schriften von den Nazis verboten

Form
- Vers, Strophe
- Reimschema
- Rhythmus, Metrum
- Klanggestalt

– fünf Strophen, mit je 5 Versen
– vierhebiger Jambus mit weiblicher Kadenz
– Kombination aus Kreuzreim und umarmendem Reim

5

Vergleich zweier Gedichte

Unterwegs

Unterwegs sein – heute und damals

Gedichte vergleichen

Gedichte sind sprachlich sehr bewusst komponierte und dadurch inhaltlich aufgeladene, also oft stark verdichtete Texte, die gedeutet werden müssen. Stehen zwei Gedichte zum Vergleich, sind sie oft thematisch-inhaltlich miteinander verwandt, wie zum Beispiel Liebes- und Naturgedichte, unterscheiden sich aber formal und/oder in der Entstehungszeit voneinander. Es geht darum, das gemeinsame Thema und weitere Berührungspunkte zu erkennen und Unterschiede in der Aussage, der Darstellungsweise sowie den Epochenzusammenhängen herauszuarbeiten.

Vergleich zweier Gedichte

Aufgabenstellung

Stellen Sie Ihre Ergebnisse zu der folgenden Aufgabe in einem zusammenhängenden zehnminütigen Kurzvortrag dar.

- Interpretieren Sie Georg Heyms Gedicht *Vorortbahnhof* (1910).
- Vergleichen Sie es mit Joseph von Eichendorffs Gedicht *Frische Fahrt* (1815).
- Berücksichtigen Sie neben inhaltlichen auch sprachliche und formale Aspekte.

Joseph von Eichendorff (1788–1857), bedeutender Lyriker und Prosadichter (*Aus dem Leben eines Taugenichts, Das Marmorbild*), unternahm im Frühjahr und Sommer 1808 eine Bildungsreise, die ihn u.a. nach Straßburg, Paris, Heidelberg, Regensburg und Wien führte.
Sein lyrisches Werk wurde vielfach vertont, zahlreiche seiner Gedichte und Wanderlieder (*Mondnacht, Der frohe Wandersmann, Sehnsucht, Abschied, Das zerbrochene Ringlein, …*) gehören bis heute zum allgemeinen Bildungsgut.

Georg Heym (1887–1912) hat ein umfangreiches lyrisches Werk (ca. 500 Gedichte) hinterlassen, sein erster Gedichtband *Der ewige Tag* erschien 1911 im Rowohlt Verlag. Seine an Hölderlin und George anknüpfende Bildsprache prägen ein enthusiastischer Ausdruck ebenso wie die radikale Schilderung existenzieller Abgründe.

Georg Heym: Vorortbahnhof (1910)

Auf grüner Böschung glüht des Abends Schein.
Die Streckenlichter glänzen an den Strängen,
Die fern in einem Streifen sich verengen
– Da braust von rückwärts schon der Zug herein.

Die Türen gehen auf. Die Gleise schrein
Vom Bremsendruck. Die Menschenmassen drängen
Noch weiß vom Kalk und gelb vom Lehm. Sie zwängen
Zu zwanzig in die Wagen sich herein.

Der Zug fährt aus, im Bauch die Legionen.
Er scheint in tausend Gleisen zu verirren,
Der Abend schluckt ihn ein, der Strang ist leer.

Die roten Lampen schimmern von Balkonen.
Man hört das leise Klappern von Geschirren
Und sieht die Esser halb im Blättermeer.

Joseph von Eichendorff: Frische Fahrt (1815)

Laue Luft kommt blau geflossen,
Frühling, Frühling soll es sein!
Waldwärts Hörnerklang geschossen,
Mutger Augen lichter Schein;
Und das Wirren bunt und bunter
Wird ein magisch wilder Fluss,
In die schöne Welt hinunter
Lockt dich dieses Stromes Gruß.

Und ich mag mich nicht bewahren!
Weit von euch treibt mich der Wind,
Auf dem Strome will ich fahren,
Von dem Glanze selig blind!
Tausend Stimmen lockend schlagen,
Hoch Aurora flammend weht,
Fahre zu! Ich mag nicht fragen,
Wo die Fahrt zu Ende geht!

1. Die Aufgabenstellung erfassen – das erste Textverständnis festhalten

→ S. 13

1.1 Lesen Sie die Aufgabenstellung genau durch, markieren Sie die Schlüsselbegriffe und notieren Sie mit eigenen Worten auf einem Blatt, was die Aufgabenstellung von Ihnen verlangt.

1.2 Benennen Sie Stimmungen, Gedanken, Gefühle usw., die beide Überschriften in Ihnen auslösen. Was erwarten Sie von den Gedichten? Ordnen Sie diese begründet literarischen Epochen zu.

1.3 Lesen Sie die beiden Gedichte aufmerksam durch und notieren Sie stichpunktartig erste Eindrücke zu Inhalt, Sprache und Form.

	Vorortbahnhof	Frische Fahrt
Inhalt		
Sprache		
Form		

2. Den Text aspektorientiert untersuchen

D01 **Gattungslexikon Lyrik** S. 34–38

2.1 Erstellen Sie eine Stichwortliste mit Aspekten zur Lyrik.

2.2 Analysieren Sie die erste Strophe des Gedichts *Vorortbahnhof* mit Hilfe einer semantischen Kartografie.
Alternativ können Sie, um Zeit einzusparen, mit Buchstaben oder Zahlen Kennzeichnungen vornehmen.

→ S. 19

SO GEHT'S **Eine semantische Kartografie erstellen**

Auf grüner Böschung glüht des Abends Schein.
Die Streckenlichter glänzen an den Strängen,
Die fern in einem Streifen sich verengen
– Da braust von rückwärts schon der Zug herein.

Abendliche Stimmung, kein klares lyrisches Ich
Klammerreim, Enjambement mit darauffolgendem Gedankenstrich
Zeit- und Raumangabe
Anapher, Personifikation

2.3 Bearbeiten Sie die restlichen Strophen des Gedichts *Vorortbahnhof* und das Gedicht *Frische Fahrt* nach demselben Muster.

2.4 Beurteilen Sie die folgenden analytischen Passagen durch ein Plus- oder Minuszeichen als „gelungen" [+] oder „nicht gelungen" [-] ein. Achten Sie dabei auf Inhalt und Sprache.

A *Mit der Personifikation „Die Streckenlichter glänzen" (V. 2) zeigt sich sofort die Aktivität der technisierten Welt.* ☐

B *Das lyrische Ich befindet sich in einem Zustand der Freude innerhalb der Reise, weshalb es „nicht fragen" (V. 15) will, wohin die Fahrt verläuft.* ☐

C *Durch die Repetition des Wortes „Frühling" erkennt man, dass es um Naturlyrik geht.* ☐

D *Aus der Alliteration „Menschenmassen" (V. 6) lässt sich eine starke Entpersönlichung und personale Austauschbarkeit der Arbeiter schlussfolgern.* ☐

E *Das Enjambement in V. 13 f. weist auf ein schnelles Ende für die Arbeiter hin.* ☐

F *Durch die Ausrufezeichen (u. a. V. 9) offenbart sich die positiv emotionale Teilhabe des lyrischen Ichs: Es „schreit" seine Freude selbst in die weite Welt hinaus.* ☐

2.5 Erstellen Sie eine Tabelle mit Versangaben und Deutungen zu Ihren markierten Textstellen aus den Teilaufgaben 2.2 und 2.3. Alternativ können Sie Ihre Deutungen auch direkt am Textrand neben den Markierungen notieren.

- Achten Sie darauf, mindestens drei Punkte pro Kategorie heranzuziehen.
- Verknüpfen Sie Ihre Deutungen zu Inhalt, Form und Sprache.

SO GEHT'S **Deutungsansätze notieren**

Vers	Deutung
1 f. Abends Schein Streckenlichter glänzen	Ruhige, beinahe friedlich-romantische Stimmung im schwächer werdenden Licht des vergehenden Tages (Metapher „Abends Schein") in Verbindung mit der Welt der Natur (Farbadjektiv „grün") gegenüber dem modernen Leben (Personifikation „Streckenlichter glänzen")

Vers	Inhalt	Form	Sprache
1			
2			
3			
4			
...			
zusammenfassende Deutung:			

2.6 Vergleichen Sie beide Gedichte. Sie können sich für eine der beiden folgenden Varianten entscheiden:

- Variante 1: Gehen Sie von Gemeinsamkeiten und Unterschieden aus und ordnen Sie diesen Aspekte bzw. Motive zu.
- Variante 2: Gehen Sie von wesentlichen Aspekten bzw. Motiven aus und stellen Sie Gemeinsamkeiten und Unterschiede dar.

Sie können sich jeweils an den Beispielen auf der folgenden Seite orientieren.

SO GEHT'S **Vergleichsaspekte festhalten**

Variante 1

Gemeinsamkeiten	**Unterschiede**
Heym: Da braust von rückwärts schon der Zug herein. Eichendorff: Ich mag nicht fragen, Wo die Fahrt zu Ende geht! → Reisemotiv Heym: Schnelligkeit, Anonymität, Massenhaftigkeit Eichendorff: Sehnsucht, individueller Aufbruch	Heym: Die Türen gehen auf Der Zug fährt aus Die roten Lampen schimmern → austauschbarer, unpersönlicher Sprecher Eichendorff: Lockt dich dieses Stromes Gruß. Und ich mag mich nicht bewahren! Ich mag nicht fragen, → individueller Sprecher, persönlicher Ausdruck

Variante 2

Vergleichsaspekt: Tempo/Ton (Form)
Heym: der Strang ist leer
→ prosaischer, zurückhaltender, mutloser Ton → Entpersönlichung
Eichendorff: Frühling, Frühling soll es sein!
→ häufige Exklamationen → persönliche Teilhabe

2.7 Lesen Sie die Gedichte und die Aufgabenstellung erneut, um Ihre bisherigen Ergebnisse zu überprüfen.

2.8 Formulieren Sie in ca. drei Sätzen Ihr Gesamtverständnis der Texte.

3. Eine Deutungshypothese als Vortragsidee entwickeln

3.1 Überlegen Sie sich einen Aspekt, den Sie ins Zentrum Ihres Vortrags stellen möchten. Wenn Ihnen nichts Passendes einfällt, wählen Sie einen der vier Vorschläge aus, der Ihnen am meisten einleuchtet.

- Vergleich der Einflüsse des Äußerlichen auf die Stimmung des lyrischen Ichs
- Vergleich des Reisemotivs
- Vergleich von Sprache bzw. Ausdruck und Form
- Vergleich der Farbmetaphorik

D01 Vortrag halten S. 75

3.2 Notieren Sie in Stichpunkten die spezifischen Möglichkeiten Ihrer eigenen Idee oder des ausgewählten Vorschlags, dem Sie in Ihrem Vortrag folgen könnten.

3.3 Nutzen Sie Ihre Notizen und Ihr Gesamtverständnis der Gedichte und formulieren Sie eine Deutungshypothese.

3.4 Behalten Sie für einen gelungenen Vortrag die Aufgabe im Blick und sammeln Sie Ihre Argumente und Belege umfassend, genau und differenziert. Legen Sie dazu eine knappe stichpunktartige Stoffsammlung auf einem Blatt an.

3.5 Notieren Sie einen Einstieg, der bei den Prüferinnen und Prüfern Interesse für Ihren Vortrag weckt.

3.6 Lesen Sie die folgenden drei Einstiege in den Vortrag und benennen Sie präzise Stärken bzw. Schwächen.

A *Liebe Prüfer, ich stelle nun einen Gedichtvergleich zu zwei Gedichten aus zwei verschiedenen Epochen – eine dürfte die Romantik sein – vor und erkläre Gemeinsamkeiten und Unterschiede in Inhalt, Form und Sprache. Besonders berücksichtigen möchte ich das Naturmotiv.*

B *„Der Zug fährt aus, im Bauch die Legionen" sagt ein nicht näher beleuchtetes lyrisches Ich im expressionistischen Gedicht „Vorortbahnhof" von Georg Heym. Dadurch spielt es auf die massenhaften Erfahrungen des soldatischen Leids im I. Weltkrieg an, der Auszug wird also zu einem wortwörtlichen Zug des Grauens. Dass sich auf den Weg zu machen auch viel positivere Einschätzungen mit sich bringen kann, zeigt das zweite Gedicht „Frische Fahrt" des Spätromantikers Joseph von Eichendorff, das ich vergleichend betrachten werde.*

C *„Ich bin dann mal weg" lautet der Buchtitel des sich auf Pilgerschaft nach Santiago de Compostela aufmachenden Komikers Hape Kerkeling. Dabei beschreibt Kerkeling ausführlich, wie er im Einklang mit der Natur (wieder) zu sich selbst findet und „aufgefrischt" die positive Seite der Einsamkeit genießt. Ganz anders ist es heutzutage sonst in der globalisierten und technisierten Welt, in der geradezu Massen zu strömen scheinen. Den Anfang dafür schafft der Expressionismus, aus dem mein Hauptgedicht stammt, welches ich mit dem romantischen Gedicht „Frische Fahrt" Joseph von Eichendorffs vergleichen werde.*

	Stärken	**Schwächen**
A		
B		
C		

3.7 Überarbeiten Sie Ihren Einstieg oder modifizieren Sie einen der obigen Einstiege so, dass er zu Ihrem Vortrag passt.

3.8 Formulieren Sie Ihren Schluss aus, indem Sie einen Bezug zur eigenen Einleitung und ein Fazit zum Interpretationsergebnis formulieren. Dabei dürfen Sie beweisen, „mehr zu wissen", das Thema also erweitern oder in einen größeren Zusammenhang stellen, indem Sie z. B. kurz das Reisemotiv in anderen literarischen Werken thematisieren.

4. Die Untersuchungsergebnisse ordnen und Stichwortkarten anlegen

4.1 Gewichten Sie die Untersuchungsergebnisse in Ihrer Stoffsammlung (Motivvergleich: Teilaufgaben 2.2, 2.3 und 2.6), indem Sie diese durchnummerieren.

4.2 Erstellen Sie eine Gliederung mit den üblichen Kategorien von Einleitung, Hauptteil und Schluss. Vervollständigen Sie die folgende Tabelle. Greifen Sie in der Kommentarspalte ggf. auf die markierten Passagen Ihrer semantischen Kartografie (Teilaufgaben 2.2 und 2.3) zurück.

	Gliederungsteil	Kommentar
A	**Einleitung:** Einstieg in den Vortrag	
B	**Hauptteil:** eigentlicher Vortrag	
C	**Schluss:** Abrundung des Vortrags	

D01 **Stichwortzettel erstellen** S. 75

4.3 Notieren Sie die einzelnen Aspekte Ihres geplanten Vortrags auf gesonderte Stichwortkarten. Achten Sie darauf, Reihenfolge und Struktur Ihres Vortrags in der Reihenfolge der Kärtchen abzubilden, ggf. können Sie Ihre Vorgehensweise durch Ergänzungen oder Korrektur der Gewichtungen auch noch ändern.

5. Den Vortrag konzipieren

→ S. 58

5.1 Nennen Sie am Anfang Ihres Vortrags Ihr Thema. Erläutern Sie die Struktur Ihres Vortrags, also Ihre Vorgehensweise und ggf. die Gewichtung einzelner Punkte. Nutzen Sie dazu auch den Sprachtipp „Einen Vortrag mit sprachlichen Mitteln strukturieren" auf S. 58. Sprechen Sie diesen Start in der jetzigen Übungsphase laut vor dem Spiegel durch, um Ihre Wirkung zu kontrollieren.

→ S. 14

5.2 Partnerübung: Halten Sie Ihren gesamten Vortrag vor einer Partnerin oder einem Partner und werten Sie ihn anschließend gemeinsam aus.
- Achten Sie auf eine adäquate Körpersprache und Stimmführung.
- Nutzen Sie den Beurteilungsbogen auf S. 14 für die anschließenden Rückmeldungen.
- Schätzen Sie als Prüfling nach dem Vortrag Ihre Leistung zunächst selbst ein.
- Lassen Sie Ihre Partnerin oder Ihren Partner Feedback geben. Sie oder er sollte dabei nach der Cookie-Lemon-Cookie- bzw. Sandwichmethode vorgehen: Am Beginn des Feedbacks sollten positive Aspekte stehen, anschließend die weniger gelungenen. Das Ende des Feedbacks ist dann wieder positiv.
- Wichtig ist, dass das Feedback präzise ist und dass konkrete Verbesserungsvorschläge gemacht werden, z. B. mit Formulierungen wie „Das nächste Mal könntest du" o. Ä.

5.3 Notieren Sie neben den Stärken Ihrer Vortragsweise vor allem auch die Schwächen, um diese effektiv verbessern zu können. Selbsterkenntnis ist der erste Weg zur Besserung.

6. Das Prüfungsgespräch antizipieren

6.1 Zumeist werden zu Beginn des Prüfungsgesprächs weiterführende Fragen zu Ausgangstext und Aufgabe gestellt. Lösen Sie die folgenden Aufgaben, die Ihnen Ihre Prüferin oder Ihr Prüfer, ausgehend von Ihrem Vortrag, stellen könnte.

- Der u.a. als Essayist sowie Übersetzer tätige Josef Hofmiller hat sich folgendermaßen geäußert: „Wandern ist eine Tätigkeit der Beine und ein Zustand der Seele." Legen Sie dar, in welchem der beiden Gedichte und inwiefern Sie dies verwirklicht sehen.
- Das Reisemotiv ist eines der zentralen literarischen Motive. Nennen Sie ein weiteres Werk Ihrer Wahl, in dem sich das Reisemotiv erkennen lässt und vergleichen Sie dieses inhaltlich mit dem Reisemotiv in den vorliegenden Gedichten Heyms und Eichendorffs.
- Ordnen Sie die beiden Gedichte begründet Epochen zu.
- Betrachten Sie Caspar David Friedrichs berühmtes Gemälde *Zwei Männer in Betrachtung des Mondes*. Erklären Sie, zu welchem Gedicht es eher passt.

Caspar David Friedrich (1774–1840): *Zwei Männer in Betrachtung des Mondes* (Öl auf Leinwand, 1819/20)

6.2 Notieren Sie jeweils stichpunktartig mit Blick auf Ihren Oberstufenunterricht weitere Fragen, die Ihnen gestellt werden könnten, und beantworten Sie diese.

6.3 Wechseln Sie die Perspektive: Wandeln Sie die folgenden verbalen Impulse Ihrer Prüferin oder Ihres Prüfers in direkte Handlungsanweisungen um.

Romantik gibt es nicht nur als Epoche …
Der Expressionismus wagt sich an neue Themen heran …
Hintergrund mögen dabei sicherlich Kriegserfahrungen sein …
Epochen sind also eindeutig eingrenzbar …

SO GEHT'S **Gesprächsimpulse in Handlungsanweisungen umwandeln**

Impuls	Handlungsanweisung
Farben haben ja eine besondere Bedeutung in den beiden Gedichten …	Stellen Sie einen Zusammenhang zwischen der Bedeutung der Farben und der Grundstimmung in den beiden Gedichten her.

Einen Vortrag zu einem Gedichtvergleich halten

Beispiellösung

Mit den beiden Gedichten „Vorortbahnhof" Georg Heyms aus dem Jahr 1910 und Joseph von Eichendorffs „Frische Fahrt" von 1815 liegen zwei lyrische Werke aus zwei verschiedenen Epochen – Expressionismus bzw. Romantik – vor, die nun v. a. mit Blick auf das Reisemotiv hin vergleichend untersucht werden. In „Vorortbahnhof" fällt sofort das traditionelle lyrische Genre des Sonetts mit den beiden Quartetten und den Klammerreimen sowie Terzetten mit dem Schweifreim auf, wodurch sich eine Struktur von These, Antithese und Synthese inklusive Pointe ergibt. Dazu passen die regelmäßigen Wechsel in den Kadenzen und der vierhebige Jambus als Zeichen eines abgeschlossenen Aufbaus. Insgesamt spiegelt sich die Form im Inhalt wider: Mit der Zeitangabe „des Abends" (V. 1) und der Raumangabe der „[F]ern[e]" (V. 3) beginnt die Beschreibung eines sehr schnell in einen Bahnhof einfahrenden Zuges durch ein nicht näher benanntes lyrisches Ich, wobei durch die Anapher „Die", das Adverb „schon" und im ersten Vers der zweiten Strophe anhand der Personifikation „Gleise schrein" zusätzlich Geschwindigkeit generiert wird. Hinzukommen nun einsteigende Menschen, die durch die Farbmetaphorik als Fabrikarbeiter und als „[M]asse"[1] ohne Individualität und Persönlichkeit gekennzeichnet werden und passiv wirken, weil nur der Zug als Symbol der Technisierung wirklich agiert, wie sich durch die Vielzahl an Personifikationen innerhalb des Wortfelds Eisenbahn erkennen lässt. Stattdessen werden die Menschen durch die Metapher „im Bauch" des Zuges vertilgt, welcher gleichsam durch den Abend „[ver]schluckt" wird und in Einsam- und Ziellosigkeit zu enden scheint. Völlige Hoffnungslosigkeit liegt dennoch nicht vor, da auch innerhalb der künstlichen Beleuchtung innerhalb der städtischen „Balkone [...]" und einer ironischen Reduzierung der Menschen auf das Grundbedürfnis der Nahrungsaufnahme eine romantische angehauchte Rückzugsmöglichkeit in die Rein-, Einfach- und Unberührtheit der Natur existiert. Final lässt sich als zentral das Reisemotiv feststellen, das auf den Transport(weg) der entpersonalisierten „Menschenmassen" als notwendige Arbeitskraft reduziert wird. Ganz anders ist die Stimmung im Gedicht „Frische Fahrt", das sich durch eine formale Einheitlichkeit, nämlich zwei Strophen zu je acht Versen, einen vierhebigen Trochäus, einen steten Kreuzreim und den ständigen Kadenzwechsel auszeichnet und so, wie die Titelalliteration, Fahrt aufnimmt. Die Vielzahl der sprachlich-stilistischen Mittel kennzeichnet einen freudenreichen Ton, das lyrische Ich ist dank der Reise euphorisiert, auf der es gleich zu Beginn von der Alliteration der „[l]aue[n] Luft" (V. 1) angenehm begleitet wird. Dadurch erklären sich auch die Enjambements und Exklamationen, das lyrische Ich kann von seinen Eindrücken der Natur – vgl. dazugehöriges Wortfeld – in der traumhaften „schöne[n] Welt" (V. 7) gar nicht genug bekommen, sodass es zu einer dauerhaften Reise bereit ist, obgleich durch die Nähe zum Traum, die in der Inversion gekennzeichnete Abhängigkeit von Natureinflüssen und die Begriffe „Wirren", „magisch" oder „blind" eine Gefahr angedeutet wird und das lyrische Ich nicht durch den allegorischen Sonnenaufgang „geweckt" wird: die typische Ambivalenz der Romantik, das lyrische. Ich sollte sich vom „Glanze" nicht zu sehr „[l]ock[en]" (V. 13) lassen.

Zusammenfassend lässt sich festhalten ...

Einstieg: Nennung der Autoren, Texte, Epochen und des zentralen Vergleichsmotivs

formale Analyse und Deutung der Form des ersten Gedichts

Textbelege

Deutung: Verbindung von sprachlichen Mitteln und deren Aussage

Resümee der Deutung des ersten Gedichts

formale Analyse und Deutung der Form des zweiten Gedichts

Resümee des Gedichtvergleichs

---

1 Der westliche Kirchenvater Augustinus (354–430 n. Chr.) kennzeichnet die Menschheit im Rahmen seiner Erbsündentheologie als verworfene Masse („massa damnata"), in der jede Individualität aufgelöst ist.

Gedichte vergleichen

KOMPETENZBOX

Lyrische Texte

Thema, Stoff
- Wirklichkeitsbereich
- Grunderfahrungen

- Reisemotiv
- Verständnis der Natur
- Rolle des/der Menschen
- Verlust von Individualisierung: Massenbewegung zur und von der Arbeit

- Sehnsucht: magisch-traumhafte Teilnahme durch Wanderschaft bzw. Reisen

Inhaltlicher Aufbau
- Motive
- Stimmung
- Gedankenführung

- Sonett: These → Antithese → Synthese mit Pointe
- Technisierung; Massenhaftigkeit; Kriegserfahrungen; romantisierte Fluchtpunkte in der Natur; vermehrt künstlich entstehende Farben
- weitestgehend negative Grundstimmung
- Wunsch und Hoffnung auf Veränderung in V. 13 f.

- Lied; liedhafte Struktur
- Sehnsucht; Wanderschaft bzw. Reisen; Ambivalenz der Traumwelt; Farbe „Blau" als Grundmetapher der Romantik
- weitestgehend positive Grundstimmung
- mögliches Gefahrenpotenzial in V. 5 f. und 15 f.

Lyrischer Sprecher
- Sprechsituation
- Sprechhaltung
- Sprechabsicht

- nicht näher benannter lyrischer Sprecher und allgemeine Adressaten: Austauschbarkeit

- konkretes lyrisches Ich: aktive Teilhabe und individuelles Erleben

Lyrisches Genre
- z. B. Sonett, Ballade, Hymne, Lied

- Sonett
- Lied

Sprache, Stil
- Stilmittel
- Bildlichkeit
- Wortwahl
- Satzbau

- Anapher (V. 2 f.); Personifikation (V. 5); Enjambement (V. 13 f.); Metapher (V. 9); Ironie „Esser" (V. 14)
- Wortfeld Technik bzw. Eisenbahn („Streckenlichter"; „Zug"; „Gleise" …)

- Alliteration „Laue Luft" (V. 1); Exklamation (V. 2); Enjambement (V. 5 f.); Inversion (V. 10); Allegorie „Aurora" (V. 14)
- Wortfeld Natur („Luft"; „Frühling"; „Wald […]" …)

Textüberschreitende Aspekte
- Zeitumstände
- Autorenbiografie und Werk
- literarische Epoche, Gattungsgeschichte

- Expressionismus
- Romantik
- Georg Heym (1887–1912)
- Joseph von Eichendorff (1788–1857)

Form
- Vers, Strophe
- Reimschema
- Rhythmus, Metrum
- Klanggestalt

- vier Strophen, insgesamt 14 Verse
- vierhebiger Jambus
- Wechsel der Kadenzen (m-w)
- Klammerreim in Quartetten; verschränkter Reim in Terzetten
- prosaischer, zurückhaltender, mutloser Ton
- relativ gleichbleibender Rhythmus
- Dauerhaftigkeit der Technisierung, Entpersönlichung usw.

- zwei Strophen, jeweils acht Verse
- vierhebiger Trochäus
- Wechsel der Kadenzen (m-w)
- durchgängiger Kreuzreim
- freudenreicher Ton
- schneller Rhythmus
- euphorische Stimmungslage

6 Interpretation einer Dramenszene

Freiheit und Pflicht

Die Laokoongruppe – Ausdruck einer disziplinierten Seele

Dramenauszüge verstehen

Als dialogische Texte wurden Dramentexte nicht zum Lesen, sondern für die Bühnenaufführung entworfen. Dafür sind ihnen Regiehinweise mitgegeben, die in die Interpretation einbezogen werden. Als Prüfungstext wird i. d. R. eine Szene/ein Auszug angeboten, der in den Handlungszusammenhang eingeordnet werden muss. Bei Dialogtexten sind die Figuren und ihre Beziehungen (Figurenkonstellation) sowie das Erfassen des Konflikts/Problems und ggf. Epochenzusammenhänge zentral. Die Dialoganalyse ist das wichtigste Instrument, um Dramen zu verstehen.

Interpretation einer Dramenszene

Aufgabenstellung

Stellen Sie Ihre Ergebnisse zu der folgenden Aufgabe in einem zusammenhängenden zehnminütigen Kurzvortrag dar.
- Interpretieren Sie den vorliegenden Szenenauszug V,7 aus Friedrich Schillers Drama *Maria Stuart*
- Stellen Sie besonders das klassische Humanitätsideal dar.

Friedrich Schiller (1759–1805) gehört mit seinen dramatischen, lyrischen und philosophischen Werken zu den bedeutendsten deutschen Schriftstellern. Zusammen mit Wieland, Herder und Goethe prägte er die Weimarer Klassik. Schillers Dramen, während dieser Zeit im engen Austausch mit Goethe entstanden, sind gekennzeichnet vom Streben nach Harmonie und Humanität sowie der Übereinstimmung von Inhalt und Form. Auch sein Trauerspiel *Maria Stuart* spiegelt das Erziehungsideal der „schönen Seele" wider, in der Pflicht und Neigung harmonisch zur Übereinstimmung gebracht sind.

Friedrich Schiler: Maria Stuart (1800)

Schillers klassisches Drama *Maria Stuart*, uraufgeführt in Weimar am 14. Juni 1800, behandelt in fünf Akten das Ende der in England inhaftierten Maria Stuart. Die schottische und katholische Königin musste zuvor aufgrund des Verdachts der Ermordung ihres Ehegattens aus ihrem Königreich Schottland fliehen. Wegen Marias direkter Blutlinie zum und damit ihrem prinzipiellen Anspruch auf den englischen Thron bangt die englische und protestantische Königin Elisabeth I. um ihre Macht. Durch diverse Intrigen und politisch-religiöse Schachspiele unter Druck gesetzt, unterschreibt Elisabeth schließlich das Todesurteil Marias wegen eines angeblich angedachten Mordanschlags auf ihre Person. Die vorliegende Handlung setzt direkt vor der Hinrichtung ein. Marias ehemaliger Berater Melvil, inzwischen katholischer Priester, begegnet ihr letztmalig.

MELVIL *(indem er das Zeichen des Kreuzes über sie macht)*
Im Namen
Des Vaters und des Sohnes und des Geistes!
Maria, Königin! Hast du dein Herz
Erforschet, schwörst du und gelobest du,
Wahrheit zu beichten vor dem Gott der Wahrheit?
MARIA Mein Herz liegt offen da vor dir und ihm.
MELVIL Sprich, welcher Sünde zeiht dich dein Gewissen,
Seitdem du Gott zum letzten Mal versöhnt?
MARIA Von neid'schem Hasse war mein Herz erfüllt,
Und Rachgedanken tobten in dem Busen.
Vergebung hofft' ich Sünderin von Gott
Und konnte nicht der Gegnerin[1] vergeben.
MELVIL Bereuest du die Schuld, und ist's dein ernster
Entschluss, versöhnt aus dieser Welt zu scheiden?
MARIA So wahr ich hoffe, dass mir Gott vergebe.
MELVIL Welch andrer Sünde klagt das Herz dich an?
MARIA Ach, nicht durch *Hass* allein, durch sünd'ge *Liebe*
Noch mehr hab ich das höchste Gut beleidigt.
Das eitle Herz ward zu dem Mann gezogen,
Der treulos mich verlassen und betrogen!
MELVIL Bereuest du die Schuld, und hat dein Herz
Vom eiteln Abgott sich zu Gott gewendet?
MARIA Es war der schwerste Kampf, den ich bestand,
Zerrissen ist das letzte ird'sche Band.
[...]
Jetzt weißt du alles, was mein Herz belastet.
MELVIL Denk an die Nähe des Allwissenden!
Der Strafen denke, die die heil'ge Kirche
Der mangelhaften Beichte droht! Das ist
Die Sünde zu dem ew'gen Tod, denn das
Ist wider seinen Heil'gen Geist gefrevelt!
MARIA So schenke mir die ew'ge Gnade Sieg
Im letzten Kampf, als ich dir wissend nichts verschweig.
MELVIL Wie? deinem Gott verhehlst du das Verbrechen,

Um dessentwillen dich die Menschen strafen?
Du sagst mir nichts von deinem blut'gen Anteil
An Babingtons und Parrys Hochverrat[2]?
Den zeitlichen Tod stirbst du für diese Tat,
Willst du auch noch den ew'gen dafür sterben?
MARIA Ich bin bereit, zur Ewigkeit zu gehn,
Noch eh' sich der Minutenzeiger wendet,
Werd' ich vor meines Richters Throne stehn,
Doch wiederhol' ich's: meine Beichte ist vollendet.
[...]
Ich habe alle Fürsten aufgeboten,
Mich aus unwürd'gen Banden zu befrein,
Doch nie hab ich durch Vorsatz oder Tat
Das Leben meiner Feindin angetastet!
MELVIL So hätten deine Schreiber falsch gezeugt?
MARIA Wie ich gesagt, so ist's. Was jene zeugten,
Das richte Gott!
MELVIL So steigst du, überzeugt
Von deiner Unschuld, auf das Blutgerüste?
MARIA Gott würdigt mich, durch diesen unverdienten Tod
Die frühe schwere Blutschuld abzubüßen.
MELVIL *(macht den Segen über sie)*
So gehe hin, und sterbend büße sie!
Sink, ein ergebnes Opfer, am Altare –
Blut kann versöhnen, was das Blut verbrach;
Du fehltest nur aus weiblichem Gebrechen,
Dem sel'gen Geiste folgen nicht die Schwächen
Der Sterblichkeit in die Verklärung nach.
Ich aber künde dir, kraft der Gewalt,
Die mir verliehen ist, zu lösen und zu binden,
Erlassung an von allen deinen Sünden!
Wie du geglaubet, so geschehe dir!
(Er reicht ihr die Hostie[3].)
Nimm hin den Leib, er ist für dich geopfert!
(Er ergreift den Kelch, der auf dem Tische steht, konsekriert[4] ihn mit stillem Gebet, dann reicht er ihr denselben. Sie zögert, ihn anzunehmen, und weist ihn mit der Hand zurück.)
Nimm hin das Blut, es ist für dich vergossen!
Nimm hin! Der Papst erzeigt dir diese Gunst!
Im Tode noch sollst du das höchste Recht
Der Könige, das priesterliche, üben!
(Sie empfängt den Kelch.)
[...]
(Er setzt den Kelch nieder. Auf ein Geräusch, das gehört wird, bedeckt er sich das Haupt und geht an die Türe, Maria bleibt in stiller Andacht auf den Knien liegen.)
MELVIL *(zurückkommend).*
Dir bleibt ein harter Kampf noch zu bestehn.
Fühlst du dich stark genug, um jede Regung
Der Bitterkeit, des Hasses zu besiegen?
MARIA Ich fürchte keinen Rückfall. Meinen Hass
Und meine Liebe hab ich Gott geopfert.

1 Gemeint ist Elisabeth. 2 sog. Babington-Verschwörung: (katholische) Adelsverschwörung mit dem Ziel der Ermordung Elisabeths und gleichzeitiger Befreiung Marias 3 Hostie: in der Kommunion bzw. Eucharistiefeier gewandeltes Brot
4 konsekrieren: weihen, segnen

1. Die Aufgabenstellung erfassen – das erste Textverständnis festhalten

→ S. 13

1.1 Lesen Sie die Aufgabenstellung genau durch, markieren Sie die Schlüsselbegriffe und notieren Sie mit eigenen Worten auf einem Blatt, was die Aufgabenstellung von Ihnen verlangt.

1.2 Lesen Sie den Dramenauszug aufmerksam durch. Unterstreichen Sie anschließend wesentliche Aussagen und Handlungen Marias und markieren Sie Melvils Aussagen mit einem Bleistift.

1.3 Rekapitulieren Sie Ihre Ergebnisse. Nutzen Sie das Cluster auf der folgenden Seite und ordnen Sie dem Themen- und Oberbegriff „Klassisches Humanitätsideal" passende Unterbegriffe, die mit dem Textauszug zu tun haben, zu. Erweitern Sie die Notizen durch eigene Kenntnisse.

Cluster
01 S. 76

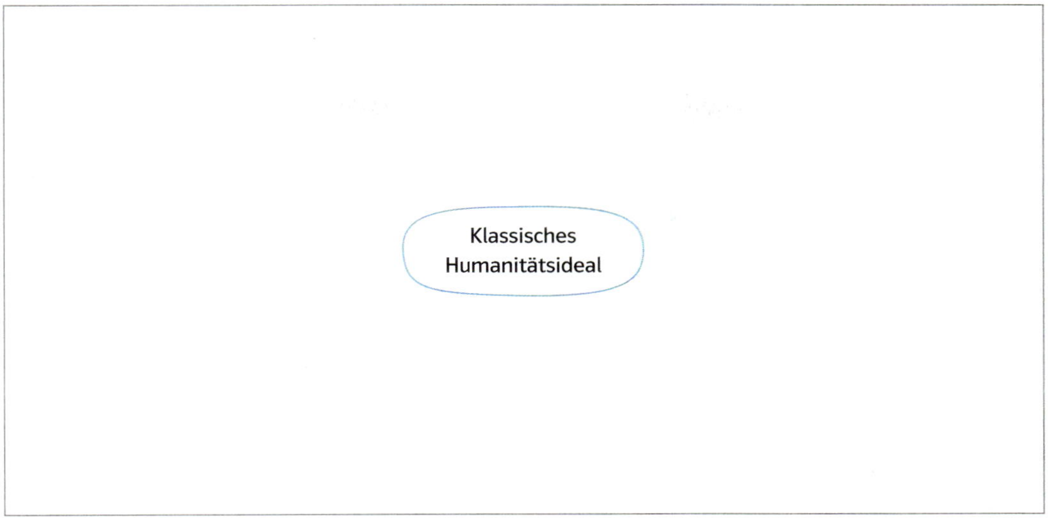

2. Den Text aspektorientiert untersuchen

→ S. 61

2.1 Erstellen Sie eine Stichwortliste mit Aspekten zum Drama.

2.2 Markieren Sie mit drei verschiedenen Farben zentrale Inhalte (Farbe 1) sowie wesentliche sprachlich-stilistische Gestaltungsmittel (Farbe 2) und dramaturgische Mittel, also Dialogführung, Gesprächsverlauf usw. (Farbe 3). Alternativ können Sie, um Zeit einzusparen, mit Buchstaben oder Zahlen Kennzeichnungen vornehmen.

2.3 Erstellen Sie eine Tabelle mit der Versangabe und der entsprechenden Deutung, die Sie aus Ihren markierten Textstellen aus Teilaufgabe 2.2 ableiten. Alternativ können Sie auch direkt am Textrand zu Markierungen Stichworte zu Ihren Deutungsansätzen notieren.

SO GEHT'S **Deutungsansätze festhalten**

Vers	Deutung
V. 3670, 3673, 3676 u. a.: Herz	*Personifikation und Repetition „Herz" → wichtigstes Organ und Symbol von Echtheit und Liebe: es geht um das Innerste Marias, die vollkommene und reine Wahrheit soll deutlich werden (Herz lässt sich nicht täuschen)*

2.4 Leiten Sie aus den markierten Textstellen thematische Aspekte bzw. Oberpunkte ab, sodass sich in der Summe vier bis sechs Punkte ergeben. Beachten Sie dabei die Aufgabenstellung.

2.5 Lesen Sie den Dramenauszug und die Aufgabenstellung erneut, wenn Sie Schwierigkeiten haben.

2.6 Formulieren Sie in ca. drei Sätzen Ihr Gesamtverständnis des Textes.

3. Eine Deutungshypothese als Vortragsidee entwickeln

3.1 Benennen Sie einen Aspekt, den Sie ins Zentrum Ihres Vortrags stellen möchten. Wenn Ihnen dies nicht gelingt, wählen Sie eine der vier Varianten aus, die hier dargestellt sind.

D01 Gattungslexion, Drama S. 30–33

Vergleich des Verhaltens von Maria und Melvil	Darstellung der Entwicklung des Gesprächsverlaufs und der Gesprächsstrategien
Aufzeigen der Möglichkeit zum Gewinn moralischer Freiheit	Einordnung des Auszugs in die Epoche der Klassik

3.2 Nutzen Sie Ihre Notizen und Ihr Gesamtverständnis der Szene und formulieren Sie eine Deutungshypothese.

D01 Mindmap S. 76

3.3 Behalten Sie für einen gelungenen Vortrag die Aufgabe im Blick und sammeln Sie Ihre Argumente und Belege umfassend, genau und differenziert. Um über einen kleinen inhaltlich-thematischen Puffer zu verfügen, sollten Sie überlegen, wie sich Ihre möglichen Spezialkenntnisse zum Thema mit der Aufgabenstellung verknüpfen ließen. Übernehmen und ergänzen Sie die dazu die folgende Mindmap auf einem Blatt, um Ihren Vortrag umfassender darlegen zu können. Alternativ können Sie auch eine knappe stichpunktartige Stoffsammlung anfertigen.

3.4 Notieren Sie den Einstieg auf einem Blatt, der bei den Prüferinnen und Prüfern Interesse an Ihrem Vortrag weckt.

3.5 Lesen Sie die folgenden drei Einstiege und benennen Sie präzise Stärken bzw. Schwächen.

A *Sehr geehrte Lehrkräfte, ich halte nun meinen Vortrag zu Schillers „Maria Stuart“ und erkläre, wie hier das klassische Humanitätsideal vorliegt. Ansonsten gehe ich auch kurz auf Sprache und Dramaturgie ein.*

B *„Edel sei der Mensch, hilfreich und gut!" Mit dem ersten Vers eines bekannten Gedichts lässt sich das Ideal der literarischen Epoche der Klassik kennzeichnen. Wie dieses Ideal selbst im Angesicht des nahenden Todes erreicht werden kann, möchte ich nun anhand des vorliegenden Dramenauszugs V,7 aus Schillers „Maria Stuart" nachweisen. Dabei werde ich nach einer knappen Inhaltszusammenfassung die Themafrage ins Zentrum stellen und sie anhand von Inhalt, Sprache und Dramaturgie beantworten.*

C *„Mein Herz liegt offen" sagt die Protagonistin Maria Stuart aus dem gleichnamigen Drama Friedrich Schillers gleich zu Beginn des vorliegenden Auszugs. Und das, obwohl sie in Kürze wortwörtlich den Kopf verlieren wird. Wie es dazu kommt und was das mit dem klassischen Humanitätsideal zu tun hat, erläutere ich in meinem Vortrag.*

3.6 Überarbeiten Sie Ihren Einstieg oder modifizieren Sie einen der obigen Einstiege so, dass er zu Ihrem Vortrag passt.

→ S. 52

3.7 Formulieren Sie Ihren Schluss aus, indem Sie einen Bezug zur eigenen Einleitung herstellen und ein Fazit zum Interpretationsergebnis ziehen. Dabei dürfen Sie beweisen, „mehr zu wissen", das Thema also erweitern oder in einen größeren Zusammenhang stellen, indem Sie z. B. die Laokoongruppe thematisieren.

4. Die Untersuchungsergebnisse ordnen und Stichwortkarten anlegen

4.1 Gewichten Sie die Untersuchungsergebnisse in Ihrer Stoffsammlung (Mindmap, Teilaufgabe 3.3), indem Sie diese z. B. durchnummerieren.

4.2 Erstellen Sie eine Gliederung mit den üblichen Kategorien von Einleitung, Hauptteil und Schluss. Sie können das folgende Muster ergänzen und variieren.

Gliederung	Kommentar
A 1. Einleitungsgedanke: …	
2. Thema: Interpretation Szenenauszug „Maria Stuart" von Friedrich Schiller; Darstellung klassisches Humanitätsideal	
3. Angabe der einzelnen Schritte: …	*Erklärung Reihenfolge und Gewichtung*
B 1. Inhalt	
1.1 Aufbau:	
a) Bereitschaft Marias zur Ablegung der Beichte	
b) …	
1.2 Funktion: Schlussauftreten Maria: Vorbereitung auf ihre Hinrichtung; Auslösung individueller und politischer Konflikt	
2. Sprache	
2.1 …	
3. Dramaturgie	
3.1 …	
4. Gewinn moralischer Freiheit	
4.1 Wahrheit	
4.2 …	*V. 3673 („Mein Herz …")*
C 1. Wiederaufnahme A und Interpretationsergebnis: …	
2. Abstraktion: Märtyrer in der kath. Kirche	

Stichwortzettel erstellen D01 S.75

4.3 Notieren Sie die einzelnen Aspekte Ihres geplanten Vortrags auf gesonderte Stichwortkarten. Achten Sie darauf, Reihenfolge und Struktur Ihres Vortrags in der Reihenfolge der Kärtchen abzubilden, ggf. können Sie so Ihre Vorgehensweise durch Ergänzungen oder Korrektur der Gewichtungen auch noch ändern.

→ S. 14

4.4 Partnerübung: Lassen Sie eine Partnerin/einen Partner den Textauszug lesen. Erläutern Sie anschließend Ihre geplante Vortragsidee. Ihre Partnerin/Ihr Partner macht sich Notizen zum Grundverständnis, zu Aussagen, die noch einer Klärung bedürfen, und zu möglichen Lücken. Besprechen Sie abschließend gemeinsam die Punkte.

4.5 Reflektieren Sie ggf., wo Sie bisher Probleme in der Umsetzung wahrgenommen haben und überlegen Sie sich eine passende Lösungsstrategie.

4.6 Überarbeiten Sie Ihren Vortrag und Ihre Stichwortkarten.

5. Den Vortrag konzipieren

5.1 Nennen Sie zuerst Ihr Thema. Erläutern Sie die Struktur Ihres Vortrags, also Ihre Vorgehensweise und ggf. die Gewichtung einzelner Punkte. Nutzen Sie dazu auch den folgenden Sprachtipp. Sprechen Sie diesen Start in der jetzigen Übungsphase laut vor dem Spiegel durch, um Ihre Wirkung auf andere zu kontrollieren.

SPRACHTIPP

Einen Vortrag mit sprachlichen Mitteln strukturieren

Ein- und Überleitungen formulieren:
zum Ersten – zunächst – erstens – eine wichtige Rolle spielt – außerdem – ebenso – zweitens – zum Zweiten – darüber hinaus – noch wichtiger ist – ein weiterer Gesichtspunkt ist – hinzukommt – außerdem lässt sich noch anführen – zum Dritten – vor allem – schließlich

Begründungen und Beispiele einleiten:
wie das Beispiel zeigt – aus eigener Erfahrung kann ich sagen – das zeigt – dies belegt

Rückbezüge, Abrundungen und Schlussfolgerungen kennzeichnen:
das beweist – insofern hat sich als wahr herausgestellt – deswegen – also – dies zeigt – das erklärt – damit konnte bewiesen werden – so ist festzuhalten – insofern lässt sich resümieren – als Gesamtergebnis ergibt sich – Summa summarum ist zu sagen

Kohärente Verknüpfungen herstellen:
daher – deshalb – sodass – infolgedessen – demzufolge – zudem – außerdem – auch – ebenso – ferner – des Weiteren – sowie – deshalb – da – weil – daher – denn

Über neutrale Formulierungen Sachlichkeit signalisieren:
Die Moralität ist erreichbar – Die Moralität ist zu erreichen – Die Moralität kann erreicht werden

→ S. 14

5.2 Partnerübung: Halten Sie Ihren gesamten Vortrag vor einer Partnerin oder einem Partner
- Achten Sie auf eine adäquate Körpersprache und Stimmführung.
- Nutzen Sie den Beurteilungsbogen auf S. 14 für die anschließenden Rückmeldungen.
- Schätzen Sie als Prüfling nach dem Vortrag Ihre Leistung zunächst selbst ein.
- Lassen Sie nun Ihre Partnerin oder Ihren Partner Feedback geben. Sie oder er sollte dabei nach der Cookie-Lemon-Cookie- bzw. Sandwichmethode vorgehen: Am Beginn des Feedbacks sollten positive Aspekte stehen, anschließend die weniger gut gelungenen. Das Ende des Feedbacks sollte grundsätzlich positiv sein.
- Wichtig ist, dass das Feedback präzise ist und dass konkrete Verbesserungsvorschläge gemacht werden, z. B. mit Formulierungen wie „Das nächste Mal könntest du“ o. ä.

5.3 Notieren Sie neben den Stärken Ihrer Vortragsweise vor allem auch die Schwächen, um diese effektiv verbessern zu können. Selbsterkenntnis ist der erste Weg zur Besserung.

6. Das Prüfungsgespräch antizipieren

6.1 Zumeist werden zu Beginn des Prüfungsgesprächs weiterführende Fragen zu Ausgangstext und Aufgabe gestellt. Lösen Sie die folgenden Aufgaben, die Ihnen Ihre Prüferin oder ihr Prüfer, ausgehend von Ihrem Vortrag, stellen könnte.

1. Maria Stuart wird am Ende geköpft. Erklären Sie, inwiefern trotzdem das Ziel des klassischen Humanitätsideals verwirklicht wird.
2. Lesen Sie das Zitat des Philosophen Dr. Burkhard Meyer-Sickendieck und erklären Sie die Aussage an „Maria Stuart“ oder anderen Beispielen der Klassik.

> „[D]as aus der Sittlichkeit des Charakters selbst kommende, selbstverständliche Handeln führt […] zur Schönheit des Ausdrucks im Handeln.“

3. Beschreiben Sie die Rolle Melvils im vorliegenden Dramenauszug.

6.2 Notieren Sie jeweils stichpunktartig mit Blick auf Ihren Oberstufenunterricht weitere Fragen, die Ihnen gestellt werden könnten, und beantworten Sie diese.

6.3 Wechseln Sie die Perspektive und ergänzen Sie die passende Frage der Prüferin/des Prüfers zu den vorliegenden Antworten von Schülerinnen und Schülern.

1. Schiller schreibt nicht einfach historische Zeugnisse, sondern er greift auf historische Hintergründe, Situationen, Personen und Ereignisse zurück, verkürzt oder erweitert sie, deutet sie ggf. um. So ist das Fundament zwar historisch, vieles hat Schiller aber eben zu seinem Nutzen modifiziert, manches auch einfach erfunden. Für Schiller steht nicht die historische Genauigkeit im Fokus, sondern eine moralische Belehrung. Der Zuschauer soll etwas für sein Leben lernen, ganz im verdrehten Sinne Senecas: „Non scholae, sed vitae discimus.“

2. Verantwortung und Schuld sowie Sühne sind Dinge, die alle angehen. Deshalb kann es gar nicht überraschen, dass diese keiner einfachen Epoche als typisch zuzuordnen sind. Sie kommen stattdessen – gefühlt – ständig vor.

3. Es lassen sich Bezüge zwischen dem Drama und zahlreichen allgemeinen Themen herstellen: Liebe, Moral, Wirtschaft, …

ÜBRIGENS

„Nicht für die Schule, für das Leben lernen wir“ – so lautet die deutsche Übersetzung des von Seneca überlieferten Zitats.
Im Original sind allerdings die Nomen Schule und Leben vertauscht. Denn Seneca kritisierte eigentlich in ironischer Weise den damaligen Studienbetrieb.

(Epistulae marales ad Lucilium 106, 12).

SO GEHT'S **Aussagen in Frageimpulse umwandeln**

Aussage	Frageimpuls
Neben dem Drama gelten auch der Bildungsroman und die Gedankenlyrik als zentrale Gattungen und Genres der Klassik …	Gibt es neben dem Drama weitere Gattungen und Genres, die besonders charakteristisch für die Epoche der Klassik sind?

Einen Vortrag zur Interpretation einer Dramenszene halten

Beispiellösung

In der 7. Szene des 5. Akts aus Friedrich Schillers Tragödie „Maria Stuart", uraufgeführt in Weimar am 14. Juni 1800, wird das klassische Humanitätsideal der schönen Seele repräsentativ umgesetzt. Die Handlung setzt unmittelbar vor der Hinrichtung Marias ein, als die Protagonistin auf ihren ehemalige Bediensteten Melvil trifft, der inzwischen zum katholischen Priester geweiht wurde.
Der Auszug beginnt mit einer vor dem Priester Melvil als Zeichen der Demut niederknienden Maria, die gefragt wird, ob sie bereit sei, die Wahrheit zu sprechen und ihre Sünden zu bekennen sowie zu bereuen. Maria bejaht dies nachdrücklich mit Verweis auf Gott und ihr lebenswichtiges Organ, das Herz. Sie gibt also ihr Innerstes preis. Ab diesem Moment liegt eine Art Frage-Antwort-Spiel mit wechselredeähnlichen Passagen vor. Maria gibt als erste Sünde den „neid'schen Hass" (V. 3676) gegenüber der protestantischen Elisabeth an, weil jene sich statt Marias im Zustand der herrschenden Machtsituation befindet. Hinzu kommt Marias Gefangenschaft, die ihr ein besonderes Gefühl der Ohnmacht vermittelt. Der Kontrast ist also erheblich. Dieses Gefühl habe sie aber hinter sich lassen können, wie sich durch das Präteritum „war" erkennen lässt. Melvil fragt weiter. Und Maria benennt und bereut eine nicht näher erklärte „sünd'ge Liebe" (V. 3684 f.). Auffällig ist das Nomen „Herz" das sie in diesem Fall zu einer „unwürdigen Liebe" geführt habe. Das Herz war also nicht immer so rein und edel wie jetzt, wenn es als Symbol für Echtheit, Liebe und vollkommene und reine Wahrheit fungiert.
Nun wandelt sich das Gesprächsverhalten: Melvil nimmt nach der fragenden eine drohende Perspektive mit erhöhtem Redeanteil ein, wie sich an den Exklamationen, den Imperativen, den Ausrufezeichen festhalten lässt, weil Maria aus seiner Sicht die Sünde, für die sie „die Menschen strafen" (V. 3712), nicht einmal anspricht. Maria aber, endgültig passiv und weniger sprechend verweilend, betont das Ende ihrer Beichte und führt noch aus, dass sie versucht habe, der Gefangenschaft zu entfliehen, aber niemals einen Mordanschlag auf Elisabeth geplant habe. Die vermeintlichen Kronzeugen hätten demnach falsch ausgesagt. An das Sakrament anschließend erhält Maria als besondere Zusage der Nähe Gottes die Eucharistie in beiderlei Gestalten vom „tatkräftigen" Priester Melvil, bevor die Szene damit schließt, dass Melvil nach einer Phase der Ruhe den letzten schweren Gang zur Hinrichtung benennt und fragt, ob Maria dazu bereit sei, was sie durch die parallelistische Antithese „meinen Hass" und „meine Liebe" (V. 3761 f.), die sie beide metaphorisch „Gott geopfert" habe, nachdrücklich bejaht. In dieser Haltung Marias zeigt sich das Ideal der schönen Seele, das den Humanitätsbegriff der Klassik entscheidend prägt. Denn in der schönen Seele sind die Gegensätze zwischen Äußerlichkeit und Innerlichkeit, Natur und Geist, Rationalität und Emotionalität sowie eben „Liebe" und „Hass" in harmonischem Ausgleich aufgehoben. Diese schöne Seele wird repräsentiert in würdevoller Anmut und Grazie, die sich Maria gemäß katholisch gesprochen „in Gedanken, Worten und Werken" offenbart, wie sich am Wortfeld der Liturgie erkennen lässt. Und dieses Ideal erreicht Maria an dieser Stelle, verpackt in der Auflösung aller negativer Gedanken gegenüber der Welt und sich selbst kraft der Beichte bzw. Buße. Negatives bleibt ausgeschlossen. Und deswegen bleibt Marias Sicherheit, „keinen Rückfall" zu erleiden, weil sie im Oxymoron die Gegensätze „Liebe und Hass" in Freiheit vereinigt hat.

Einleitungssatz: Autor; Genre, Entstehungszeit, Deutungshypothese
Beschreibung von Handlung, Figuren

zentrales Symbol der Szene

Sprache: Wechselrede als dramaturgisches Mittel

Konflikt zwischen Protagonistin und Antagonistin

Dialoganalyse

funktionelle Analyse der sprachlichen Mittel

Deutung der Szene, Interpretation

Eine Szene aus einem Drama interpretieren

KOMPETENZBOX

– Sündenbekenntnis Marias im Sakrament der Beichte
– Vorbereitung Marias auf die nahende Hinrichtung
– Darstellung der „schönen Seele“: Antagonismus zwischen eigenen, sinnlichen Neigungen und dem überindividuellen moralischen Gesetz der Vernunft soll in harmonischem Einklang überwunden werden

Handlung, Aufbau
- Handlungsverlauf
- Ort
- Zeit
- Strukturelemente: Akt, Szene
- geschlossenes/offenes Drama

– historische Ebene: Konflikt zwischen dem protestantischen England und dem katholischen Schottland
– persönliche Ebene: Konflikt zwischen Elisabeth (protestantisch) und Maria (katholisch, papsttreu), Kampf um Macht
– Humanität
– Freiheit

Thema, Stoff
- Grunderfahrungen
- Geschichte
- Mythos
- menschliche Grundkonflikte
- moralische Werte

– „Evolution statt Revolution“ als Reaktion der Klassiker auf Schrecken der Jakobinerherrschaft
– Veränderung Schillers vom Stürmer und Dränger zum klassischen Literaten

Textüberschreitende Aspekte
- zeitgeschichtliche Bezüge
- Autorenbiografie und Werk
- literarische Epoche, Gattungsgeschichte

Dramatische Texte

Figuren, Figurenkonstellation
- Haupt-/Nebenfiguren
- Typus oder Charakter
- Spieler (Protagonist) ↔ Gegenspieler (Antagonist)

– Protagonistin: Maria
– erwähnte Antagonistin: Elisabeth
– Nebenfigur: Melvil

Dramatisches Genre
z. B. Tragödie, Komödie, dokumentarisches, episches, absurdes Theater

– Tragödie (Trauerspiel)
– Historiendrama
– aristotelischer Grundaufbau

Sprache
- Stilmittel
- Bildlichkeit
- Wortwahl
- Satzbau

– Verse: stilisierte Hochsprache des klassischen Dramas (z. T. Blankvers, z. T. Reime)
– religiöse bzw. liturgische Wortwahl
– Vielzahl sprachlich-stilistischer Mittel (z. B. Repetition „Herz“; Metapher „Hass geopfert“)
– Wortfeld der Beichte

Dramatischer Konflikt
- innerer und/oder äußerer Konflikt
- Konfliktverlauf
- Lösung

– innerer psychischer Konflikt: ethisch-moralische Frage von Schuld und Vergebung
– äußerer politisch-religiöser Konflikt: Streit um wahren Herrschaftsanspruch und rechten Glauben
– Katastrophe bzw. Lösung am Ende

Dramaturgie/Dialoggestaltung
- Gesprächsthemen
- Gesprächssituation
- Gesprächsverlauf
- Gesprächsverhalten
- Gesprächsart

– Thema des Dialogs: Sünde, Schuld, Umkehr
– Maria als reuige Sünderin, Melvil als Beichtvater: umgekehrte Stellung der Personen
– Wechsel von gleichen Redeanteilen mit Nähe zu Stichomythie bei größeren Anteilen Melvils
– Wechsel der gleichen Teilhabe zu Aktivität (Melvil) bzw. Passivität (Maria)
– Nebentext: rituelle Handlungen der Liturgie bzw. des Sakraments der Umkehr

7

Analyse eines Sachtextes

Genderneutrale Sprache

Gendern im Gartenverein

Sachtexte analysieren

Pragmatische, also nicht-fiktionale Texte können als lineare/kontinuierliche Texte (Kommentar, Rezension, Bericht, …) oder diskontinuierliche Texte (Grafik, Schaubild, Diagramm, …) vorliegen. Es geht darum, die Textsorte zu erkennen, den Beitrag in Bezug auf Inhalt, Aufbau und sprachliche Auffälligkeiten zu beschreiben, Kernaussagen und die Funktion in übergreifende Zusammenhänge (Kontexte) einzuordnen oder sich – abhängig von den in der Aufgabenstellung genannten Operatoren – argumentativ damit auseinanderzusetzen und dabei nicht zuletzt die Seriosität der Quelle zu bewerten.

Analyse eines Sachtextes

Aufgabenstellung

Stellen Sie Ihre Ergebnisse zu der folgenden Aufgabe in einem zusammenhängenden zehnminütigen Kurzvortrag dar.
- Analysieren Sie den Text.
- Setzen Sie sich mit der Position der Autorin auseinander.

Rieke Hümpel: Gendern – Das erinnert mich inzwischen an einen Fleischwolf (Die Welt, 24.02.2021)

Rieke Hümpel (geb. 1975) ist Diplombiologin, ausgebildete Zeitungs- sowie Schulbuchredakteurin und betreibt das Werbebüro *Oben*.

Tagesschau und Deutschlandfunk, Duden Online, die neue Schule meines Sohnes: Immer öfter begegnen mir Sprechpausen, Sternchen und Neutralisierungen. Am Anfang ging das ganz langsam, jetzt erscheint es mir plötzlich wie eine große Welle. Dabei war Sprache bislang nie zu schnell für mich. Ich konnte ihr beim Wachsen zusehen und sie hierhin und dorthin verfolgen. Aber die aktuelle Veränderung macht mir Angst. Sie erinnert mich an einen Fleischwolf. Als Texterin und Journalistin begreife ich nicht, wie das ausgerechnet so viele Medien mitmachen können – das sind doch Textprofis mit Sprachgefühl. [...] [I]ch will diese Sprache verteidigen! Sie soll nicht zerstört werden – und es muss doch mehr Menschen geben, die das nicht zulassen wollen!

Zunächst möchte ich klarstellen, dass ich natürlich auch zur Ärztin gehe und selbst Texterin bin. Doch diese Verwendung der weiblichen Form hat sich im Sprachgebrauch entwickelt.

Etwas anderes ist es, wenn ein Staat Sprachgebrauch per Gesetz, Vorschrift oder Erlass vorschreibt – das nennt man dann Zwang. Und auch wenn Gleichstellungsbeauftragte in Universitäten Leitfäden zur gendersensiblen Sprache verteilen, ist das keine natürliche Sprachentwicklung. Sprache per Zwang und Druck zu normieren, führt in die Unfreiheit. Es gibt keinen freien Sprachzwang. Bisher waren dafür eher Diktaturen wie das Dritte Reich oder die Franco-Diktatur[1] bekannt. Ich finde es beschämend, dass nun eine Demokratie in ein derart wichtiges Werkzeug der Freiheit so stark eingreift, und nehme es als lautes Alarmsignal wahr.

Zudem erreicht aus meiner Sicht die Gender-Sprache das genaue Gegenteil. Ich möchte als Frau zumindest nicht permanent in meiner Geschlechterrolle angesprochen werden. Das ist nicht emanzipiert. Es klingt, als seien Frauen eine Opfergruppe, die besondere Ansprache benötigt. Ich bin aber überhaupt kein Opfer gewesen! [...]

Durch diese Unterteilung zwischen Mann und Frau gehen auch Kernaussagen verloren. Wenn ich sage: „Es gibt immer mehr Verlierer in unserer Gesellschaft.“, dann rede ich über die Kluft zu den Gewinnern. Wenn es künftig heißt: „Es gibt immer mehr Verliererinnen und Verlierer in unserer Gesellschaft“, geht der Fokus von den Gruppen Verlierer und Gewinner zu den Gruppen Frauen und Männer. Aber um die geht es doch gar nicht! [...]

In der Ausbildung zur Journalistin habe ich gelernt, dass Sätze verständlicher werden, je genauer man die Handelnden benennt. Wenn der Schulleiter nun von Lehrkräften spricht, denke ich: Ich möchte nicht, dass mein Sohn von einer Kraft unterrichtet wird. Sollte Medien, Bildungseinrichtungen und Online-Wörterbüchern gelingen, dass generische Maskulinformen[2] künftig als politisch unkorrekt gelten, so werden die Menschen dennoch versuchen, die lange Beid-Nennung zu umgehen. Die Folge wird sein, dass Menschen in unserer Sprache immer mehr „neutralisiert“ werden. Wollen wir das wirklich? Eine Welt voller Lehrkräfte, Gartenkräfte, Hilfskräfte, Führungskräfte, Pressepersonen, Gastpersonen, Reitpersonen, Schiffspersonen – und Diverse. Was macht das mit uns?

Dass die Verwendung des substantivierten Partizips falsch ist, kommt noch hinzu. Der Laufende ist eben etwas anderes als ein Läufer. So kann ich auf dem Weg zur Kita ab und zu durchaus als Sprintende bezeichnet werden, bin aber mit Sicherheit kein Sprinter. [...]

Das häufigste Argument, was mir Gender-Befürworter gegenüber nennen: „Es gibt Menschen, die fühlen sich verletzt, wenn sie sich ausgeschlossen fühlen. Ich möchte jeden ansprechen!“ Abgesehen davon, dass mit der Nennung der Frauen ja die anderen wiederum erst recht ausgeschlossen werden [...], ist dieses Argument interessant. Warum möchte jeder angesprochen werden? Muss jeder immer persönlich angesprochen werden? Warum denn eigentlich zum Geier? Wollen Frauen sich auch als Betrüger_Innen, Kinderschänder_Innen und Egoist_innen angesprochen fühlen? Reicht es nicht, wenn wir uns angesprochen fühlen, wenn wir angesprochen werden? Aber das, Ladies and Gentlemen, war doch auch schon vor der Gender-Sprache normal, dafür brauchen wir diese Zensur nicht.

1 Franco-Diktatur: Militärdiktatur in Spanien von 1936 bis 1975 unter Francisco Franco
2 generisches Maskulinum: bezeichnet die unbestimmte oder männliche Verwendung von Substantiven

1. Die Aufgabenstellung erfassen – das erste Textverständnis festhalten

→ S. 13

1.1 Lesen Sie die Aufgabenstellung genau durch. Markieren Sie die Operatoren und halten Sie in eigenen Worten fest, welche Arbeitsschritte und welchen Anforderungsbereich die Arbeitsanweisungen jeweils beinhalten. Wenn Sie unsicher sind, welche Arbeitsschritte die Operatoren bezeichnen, sehen Sie in Kapitel 1 in der Liste der Operatoren nach.

Operator	Anforderungsbereich	Arbeitsschritt

1.2 Lesen Sie den Text und benennen Sie das Thema. Halten Sie Ihr Vorwissen und Ihre Erfahrungen mit dem Thema stichpunktartig fest.

1.3 Formulieren Sie eine erste Verstehenshypothese oder eine Frage an den Text.

2. Den Text aspektorientiert untersuchen

2.1 Lesen Sie den Text noch einmal gründlich durch. Halten Sie mit Symbolen am Rand erste Ergebnisse Ihrer Auseinandersetzung mit dem Text fest, z. B. für Zustimmung = !, für Fragen oder Irritierendes = ?, für Widerspruch = X.

2.2 Benennen Sie die Intention der Autorin, den Adressatenkreis und die Wirkung des Textes.

→ S. 65

2.3 Analysieren Sie die Argumentationsstruktur des Textes, indem Sie zentrale Passagen markieren: (Kern-)Thesen, Argumente und Beispiele. Berücksichtigen Sie auch die sprachlichen Mittel und achten Sie darauf, diese funktional zu deuten.

SO GEHT'S **Die Argumentationsstruktur eines Sachtextes analysieren**

Rieke Hümpel: Gendern – Das erinnert mich an einen Fleischwolf (2021)

Metapher: negative Konnotation des Themas

[...]
Zunächst möchte ich klarstellen, dass ich natürlich auch zur Ärztin gehe und selbst Texterin bin. Doch diese Verwendung der weiblichen Form hat sich im Sprachgebrauch entwickelt. Etwas anderes ist es, wenn ein Staat Sprachgebrauch per Gesetz, Vorschrift oder Erlass vorschreibt – das nennt man dann Zwang. Und auch wenn Gleichstellungsbeauftragte in Universitäten Leitfäden zur gendersensiblen Sprache verteilen, ist das keine natürliche Sprachentwicklung. Sprache per Zwang und Druck zu normieren, führt in die Unfreiheit. Es gibt keinen freien Sprachzwang. Bisher waren dafür eher Diktaturen wie das Dritte Reich oder die Franco-Diktatur bekannt. Ich finde es beschämend, dass nun eine Demokratie in ein derart wichtiges Werkzeug der Freiheit so stark eingreift, und nehme es als lautes Alarmsignal wahr.
[...]
Reicht es nicht, wenn wir uns angesprochen fühlen, wenn wir angesprochen werden? Aber das, Ladies and Gentlemen, war doch auch schon vor der Gender-Sprache normal, dafür brauchen wir diese Zensur nicht.

Beispiele für den eigenen Sprachgebrauch
These: Der allgemeine Sprachgebrauch soll durch Zwang verändert werden.

Argument: Reglementierung des Sprachgebrauchs über Vorschriften macht Gesellschaft unfrei.
(polemischer, stark zugespitzter) Vergleich

Kernthese: Gendern bringt keine Vorteile.
direkte Leseransprache

Ausgangspunkt für die Analyse der Argumentationsstruktur eines Sachtextes ist die Erschließung des Inhalts: Was ist das Thema des Textes? Was wird darüber ausgesagt? Anschließend wird die Verknüpfung der Aussagen untersucht: Wie ist der Text aufgebaut? Auf welche Weise sind die einzelnen Thesen, Argumente und Beispiele miteinander verbunden? Im nächsten Schritt wird der Aufbau des Textes kritisch hinterfragt: Ist die Abfolge der Thesen und Argumente schlüssig? Werden sie durch überzeugende Beispiele gestützt? Dabei spielt auch die sprachliche Gestaltung des Textes eine wichtige Rolle: Gibt es auffällige Wort- oder Satzfiguren? Lassen sich über die Sprache z. B. Strategien der Leserlenkung erkennen?

2.4 Prüfen Sie, ob der Text im Ganzen eher argumentierend, appellativ, oder informierend ist. Achten Sie besonders darauf, welche **Argumentations- oder Manipulationsstrategien** vorliegen, z. B.
- **Übertreibungstechnik:** Die Gegenposition wird ins Extreme, Absurde oder Lächerliche übertrieben.
- **Verwirrungstechnik:** Mit spitzfindigen Unterscheidungen und der Vermischung unterschiedlicher Probleme wird die Gegenposition „vernebelt".
- **Ausweichtechnik**: Gegenargumente werden ignoriert oder auf ein unwichtiges Detail reduziert.
- **Dilemma-Technik**: Es wird eine Scheinalternative aufgestellt und dann der Eindruck erweckt, dass es keinen Kompromiss gebe.
- **Verdrehungstechnik:** Gegenthesen werden bewusst missverstanden und „verdreht", also falsch wiedergegeben.
- **Unterstellungstechnik:** Der anderen Position werden bestimmte (unlautere) Absichten unterstellt und so deren Argumente diskreditiert.

D01 Fluss-diagramm S.77

2.5 Fassen Sie die Argumentationsstruktur des Textes auf der Grundlage Ihrer Ergebnisse zu Aufgabe 2.3 stichpunktartig zusammen, z. B. als Flussdiagramm.
Sie können sich dabei an folgenden Leitfragen orientieren:
- Welchem logischen Aufbau folgt der Text?
- Was sind die zentralen Behauptungen/Thesen der Autorin?
- Wie begründet die Autorin ihren Ansatz? (Welche Argumente werden aufgeführt?)
- Wie anschaulich, klärend und treffend sind die Beispiele?
- Welche Schlussfolgerungen werden gezogen?

Ausgangsbefund: → These/Kernaussage: → Begründungen: → Folgerungen/Forderungen:

D01 Gattungslexikon Sachtexte S.39–49

2.6 In der mündlichen Abiturprüfung können als Grundlage für eine Sachtextanalyse ganz unterschiedliche Textsorten vorkommen, z. B. Kommentar, Rezension, Glosse, …
Prüfen Sie, ob Sie mit den Merkmalen dieser Textsorten vertraut sind und bestimmen Sie die Textsorte des Artikels.

→ S. 65, 73

2.7 Analysieren Sie den Text im Hinblick auf selbstgewählte Untersuchungsaspekte. Anregungen hierzu liefert Ihnen die Kompetenzbox auf Seite 73. Sie können sich z. B. gezielt auf die Argumentationslogik, Manipulationstechniken, Techniken der Leserlenkung oder Hinweise auf Framing konzentrieren.

2.8 Fassen Sie das Ergebnisse Ihrer Sachtextanalyse in einem Satz zusammen.

3. Eine Deutungshypothese als Vortragsidee entwickeln

3.1 Formulieren Sie auf der Basis Ihrer Auseinandersetzung mit dem Text Ihre persönliche Position zum Thema „geschlechtersensible Sprache" als Deutungshypothese für Ihren Vortrag.

3.2 Notieren Sie Argumente, die für Ihre Position sprechen.

3.3 Prüfen Sie, ob und inwieweit Ihre Position von derjenigen der Autorin abweicht, indem Sie Gemeinsamkeiten und Unterschiede gegenüberstellen.

3.4 Beurteilen Sie die folgenden Ideen für den inhaltlichen Schwerpunkt (= Deutungshypothese des Vortrags). Achten Sie dabei besonders auf die durch Unterstreichungen hervorgehobenen Aussagen.

A *Die Metaebene des Textes ist die Angst der Autorin vor Zwang und Unfreiheit. Die Autorin vergleicht die Sprachveränderung durch Zwang und Vorschriften mit Diktaturen. Deshalb werde ich mit dem Thema Sprachzwang und Diktaturen einsteigen.*

B *Am wichtigsten erscheint mir die Intention, die hinter dem Gendern bzw. hinter der Normierung einer geschlechtersensiblen Sprache steht: Es geht um Gleichberechtigung auf allen Ebenen, was die Autorin, die selbst von den Änderungen profitiert, nicht wahrhaben will.*

C *Das zentrale Motiv der Autorin ist Angst. Diese zeigt sich inhaltlich in der strikten Ablehnung des Gendersterns sowie einzelner harmloser Änderungsvorschläge und drückt sich sprachlich durch negativ konnotierte Metaphern aus, die sie im Text verwendet.*

4. Die Untersuchungsergebnisse ordnen und Stichwortkarten anlegen

4.1 Fassen Sie in einer Tabelle knapp und übersichtlich alle Argumente zusammen, die für und gegen die Position der Autorin sprechen.

4.2 Setzen Sie die gesammelten Pro- und Kontra-Argumente in Beziehung zu Ihrer Deutungshypothese und überlegen Sie sich eine Reihenfolge, in der Sie Ihre Deutungshypothese und die Pro- und Kontra-Argumente vorstellen wollen.

4.3 Gliedern Sie Ihre Untersuchungsergebnisse in einer sinnvollen Reihenfolge auf einem Stichwortzettel.

SO GEHT'S **Eine Sachtextanalyse strukturieren**

1. *Geschlechtersensible Sprache: Definition und Bezug zum Artikel 3 des GG*	Einstieg, hier sachlich über Fakten
2. *In Ihrem am 24.02.2021 in der Tageszeitung „Die Welt" erschienenen Artikel „Gendern – das erinnert mich inzwischen an einen Fleischwolf" wendet sich Rieke Hümpel entschieden gegen normierende Eingriffe in den Sprachgebrauch, die zu mehr Gendergerechtigkeit führen sollen.*	Basissatz mit Nennung des Datums und des Mediums der Veröffentlichung sowie des Themas und der Autorin des Artikels
3. *Die Normierung des Sprachgebrauchs zu geschlechtersensibler Sprache durch Zwang und Druck führt in die Unfreiheit und widerspricht der natürlichen Sprachentwicklung. (vgl.: Z. 17–33)*	Kernthese des Artikels
4. – ***Einstieg:*** *aktuelle Begegnungen mit dem Gendersternchen* – *plötzliche Sprachveränderung auf allen Ebenen macht der Autorin Angst* – ... – *Zwang erreicht oft das Gegenteil des Beabsichtigten.* – ... – ***Fazit:*** ...	Zusammenfassung des Argumentationsgangs
5. *Framing: z. B. wird der Genderstern als „große Welle" bezeichnet; Gendern wird generell mit einem „Fleischwolf" verglichen: Es werden negative Konnotationen verwendet.* *rhetorische Fragen zeigen Versuch der Leserlenkung, Ausrufe: Ausdruck emotionaler Erschütterung* ... *Autorin plädiert für ...*	sprachliche Gestaltung und Mittel der Leserlenkung Intention der Autorin
6. *überzeugend an dem Plädoyer der Autorin ist:* *kritisch zu sehen ist: ...* *Meine Position zu dem Thema:*	kritische Auseinandersetzung mit der Position der Autorin eigene Position (Deutungs-hypothese)
7. *Fazit: Möglichkeiten und Grenzen normierender Eingriffe in den Sprachgebrauch*	Fazit der Analyse, abschließende Bewertung

→ S. 10

4.4 Übertragen Sie abschließend die einzelnen Vortragsteile in der Reihenfolge der Prüfung auf Stichwortkarten.

5. Den Vortrag konzipieren

5.1 Sammeln Sie mit Hilfe des Brainstormings Ideen für Ihren Einstieg. Wenn Sie Schwierigkeiten haben, einen passenden Einstieg zu finden, könnten Sie z. B.
- direkt mit einem **Basissatz** und einer **Deutungshypothese** zum Text beginnen
- über ein aktuelles Ereignis einen **Bezug zur Gegenwart** und/oder Ihrem eigenen Interesse an dem Thema herstellen
- kurz ein **persönliches**, mit dem Thema zusammenhängendes **Erlebnis** schildern
- ein prägnantes **Zitat** oder **Sprichwort** vorstellen
- mit einem **Statement** beginnen, indem Sie sich konträr zur Meinung der Autorin positionieren
- eine unerwartete, **provokante These** zum Thema aufstellen

5.2 Beurteilen Sie die drei folgenden Einstiege in den Kurzvortrag.

A *Der CDU-Politiker Friedrich Merz sorgte im Frühjahr 2021 für Aufsehen, als er Universitäten und Journalisten scharf für deren sprachliche Regeln und den Gebrauch geschlechtersensibler Sprache nicht nur kritisierte, sondern diese Praxis auch juristisch hinterfragte. Eine ähnliche Position vertritt Rieke Hümpel, die in ihrem Kommentar „Gendern – Das erinnert mich inzwischen an einen Fleischwolf" die These aufstellt, dass Gendersprache ihr eigentliches Ziel dramatisch verfehle. Im folgenden Vortrag werde ich aufzeigen, dass diese These falsch ist.*

B *Ich habe den Sachtext „Gendern – Das erinnert mich inzwischen an einen Fleischwolf" – von Rieke Hümpel vorliegen. Dabei geht es um das Thema Gendern. Meine erste Aufgabe lautete, die Kernaussagen des Textes zusammenzufassen.*

C *Sprache unterliegt seit jeher Veränderungen. Diese sind das Ergebnis eines gemeinsamen Konsenses und Wandels. Einige der aktuellen sprachlichen Veränderungen lösen bei vielen Bürgern Unbehagen aus, so z. B. Anglizismen oder die Gender-Sprache, d. h. die geschlechtersensible Sprache in Wort und Schrift. Mit diesem Thema befasst sich auch der Kommentar „Gendern – Das erinnert mich inzwischen an einen Fleischwolf" aus dem Jahr 2021, der in der „Welt" veröffentlicht wurde. Die Autorin kritisiert darin das Gendern und nimmt eine eher konservative Position ein. Dies verwundert zunächst, da sie nicht nur alleinerziehende Mutter, sondern auch Journalistin ist. Im Folgenden werde ich die Kernthesen des Kommentars benennen, die Argumentation untersuchen und mich mit der Position der Autorin kritisch auseinandersetzen.*

→ S. 10

5.3 Partnerübung: Halten Sie Ihren gesamten Vortrag vor einer Partnerin oder einem Partner und werten Sie ihn anschließend gemeinsam aus.
Schüler A: Halten Sie vor Ihrer Partnerin/Ihrem Partner einen zehnminütigen Kurzvortrag zu der Aufgabe. Sie können Ihre Notizen benutzen, sollten aber frei sprechen.
Schüler B: Geben Sie mit Hilfe der Checkliste sowie des Lösungsvorschlags Ihrer Partnerin/Ihrem Partner eine Rückmeldung. Stellen Sie zunächst die Stärken des Vortrags heraus und machen Sie dann Verbesserungsvorschläge.

6. Das Prüfungsgespräch antizipieren

Im Folgenden finden Sie eine Auswahl möglicher Impulse und Fragen (6.1–6.7) für das anschließende Kolloquium (Prüfungsgespräch). Meist beinhaltet dieses Gespräch anfangs zentrale Begriffe des Textes, den Sie erhalten haben. Die ersten Fragen könnten sich dabei auf wichtige Definitionen beziehen, die Sie in Ihrem Vortrag nicht genannt haben, z. B. auf den Begriff „geschlechtergerechte Sprache".

6.1 Erklären Sie, was man unter dem Begriff „gendergerechte Sprache" versteht.

6.2 Notieren Sie weitere zentrale Begriffe, deren Definitionen hilfreich für das Prüfungsgespräch sein könnten.

Der nächste Gesprächsimpuls entspricht dem Anforderungsbereich II und erfordert somit, dass Sie anhand selbst gewählter Beispiele einen bestimmten Sachverhalt erläutern:

6.3 Das zunehmende Bewusstsein für geschlechtersensible Sprache ist ein Beispiel für den sogenannten Sprachwandel. Erläutern Sie anhand von ausgewählten Beispielen, was man darunter versteht.

6.4 Sammeln Sie weitere mögliche Themen, die im Zusammenhang mit den Aussagen des Textes stehen und als Gesprächsimpulse dienen könnten.

→ S. 13

Vermutlich steigert sich der Anforderungsgrad der Operatoren im Prüfungsgespräch. Die Operatoren **diskutieren, überprüfen und beurteilen** verlangen dabei von Ihnen ein umfassendes Reflexionsvermögen. Im Folgenden finden Sie mögliche Arbeitsaufträge, die dem höchsten Anforderungsbereich entsprechen:

6.5 Diskutieren Sie, inwiefern geschlechtergerechte Sprache zu mehr Gleichberechtigung führen kann.

6.6 Luise F. Pusch, Feministin und Herausgeberin des Buches *Das Deutsche als Männersprache* aus den 1970er Jahren lehnt den Genderstern mit folgender Begründung ab: „Die Frauen finden sich als Anhängsel wieder, wie zu Anfang der feministischen Sprachkritik." Pusch selbst bevorzugt das Binnen-I (IngenieurIn).
Diskutieren Sie vor diesem Hintergrund Chancen und Gefahren der geschlechtersensiblen Schreibweise und begründen Sie, welche Schreibweise Ihrer Meinung nach geeignet ist.

→ S. 70

6.7 Analysieren Sie die Statistik (M1) oder die Karikatur (M2) auf der folgenden Seite. Setzen Sie das ausgewählte Material in Bezug zum Text von Rieke Hümpel.

ÜBRIGENS

Je nach Prüfungsordnung kann das Gespräch auch über das eigentliche Prüfungshema hinausgehen und weitere Themen behandeln und vertiefen. Meist wird dann versucht, gedanklich eine Überleitung zum neuen Thema zu schaffen. Möglich wäre hier eine Bezugnahme auf die Aspekte „Geschlechterrollen in der Literatur", „Gerechtigkeit" oder das Determinismus-Problem, um so auf ein neues Thema hinzuleiten.

Material 1

Einstellungen zur Verwendung der geschlechterneutralen Sprache (2022)

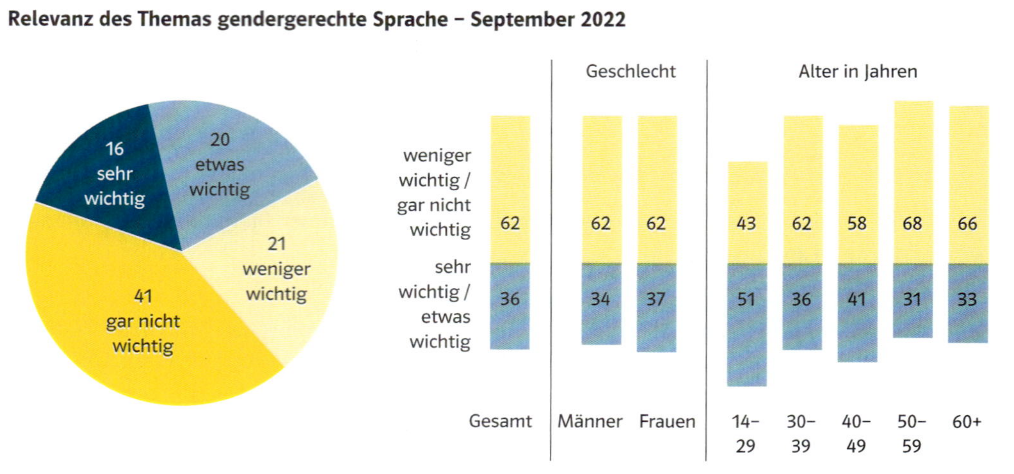

Fragestellung: Momentan gibt es eine gesellschaftliche Debatte darüber, ob wir uns in unserer Sprache darum bemühen sollten, Frauen und Männer gleichermaßen einzubeziehen – also sprachliche Formen und Formulierungen zu benutzen, die alle Geschlechter sichtbar und hörbar machen. Wie ist Ihre Meinung dazu?

Grundgesamtheit: Deutschsprachige Bevölkerung in Deutschland ab 14 Jahren
Werte in Prozent
Fehlende Werte zu 100 Prozent: Weiß nicht/keine Angabe

Quelle: nach infratest dimap

Material 2

Schwarwel: Gleichstellungsstrategie (2022)

Einen Vortrag zu einer Sachtextanalyse halten

Beispiellösung

Sprache unterliegt seit jeher Veränderungen, welche das Ergebnis eines kontinuierlichen Wandels sind. Einige der aktuellen sprachlichen Veränderungen lösen jedoch bei vielen Bürgern Unbehagen aus, so die sogenannte Gender-Sprache, d. h. die geschlechtersensible Sprache in Wort und Schrift.

Einstieg in das Thema mit Bezug zum Sprachwandel

Mit diesem Thema befasst sich auch der Kommentar „Gendern – Das erinnert mich inzwischen an einen Fleischwolf" von Rieke Hümpel aus dem Jahr 2021, der in der Zeitung „Die Welt" veröffentlicht wurde. Die Autorin kritisiert darin das Gendern und nimmt eine konservative Position ein.

textüberschreitende Aspekte: Autorin und Titel des Kommentars, Textsorte und Quelle

Benennung und Einordnung der zentralen Aussage des Kommentars

Im Folgenden werde ich die Kernthese des Kommentars benennen, die sprachliche Gestaltung sowie die Argumentation analysieren und mich dann mit der Position der Autorin kritisch auseinandersetzen.

Strukturierung des Vortrags

Die zentrale These des Kommentars ist die Kritik, Gendern folge keiner natürlichen Sprachentwicklung, sondern sei stattdessen „Sprachgebrauch per Gesetz" (Z. 21 f.). Die Autorin kritisiert insbesondere die Unfreiheit, die aus diesen gesetzlichen Vorgaben resultiert (vgl. Z. 23–33).

Textbelege

Die Autorin begründet ihre Position durch folgende Argumente:

1. *Gendern zerstöre die Sprache (vgl. Z. 9 f.) Dieses Argument wird indirekt durch den Ausruf „Sie [die Sprache] soll nicht zerstört werden – und es muss doch mehr Menschen geben, die das nicht zulassen wollen!" vorgetragen Es folgt jedoch keine nähere Erläuterung, warum Sprache genau durch Gendern zerstört wird, außer dass der Genderstern die Autorin verwirre.*
2. *Die beim Gendern gemachten Vorgaben und Vorschriften stünden der natürlichen Sprachentwicklung entgegen (vgl. Z. 21 f.). Die Vorgaben und Gesetze vergleicht Hümpel in einem sehr zugespitzten historischen Analogieschluss mit dem Dritten Reich und der Franco-Diktatur.*
3. *Die Vorschriften für eine geschlechtersensible Sprache verfehlen laut Hümpel zudem ihren Zweck und erreichen das genaue Gegenteil (vgl. Z. 34 f.).*
4. *Die beim Gendern erfolgte Differenzierung zwischen den Geschlechtern könne zu einer gravierenden Akzentverschiebung einer Aussage führen, da der Fokus beim Gendern immer auf die Geschlechterrollen gelegt werde (vgl. Z. 38–53).*
5. *Zudem würden wir durch neutrale Formulierungen, wie z. B. „Lehrkräften" (vgl. Z. 60) selbst „neutralisiert" (Z. 68) – ganz abgesehen davon, dass etwa die Verwendung des substantivierten Partizips in vielen Kontexten schlicht falsch sei.*
6. *Der Kommentar endet mit einer Reihe rhetorischer Fragen, die mit pointierten Beispielen – Betrüger_Innen, Kinderschänder_Innen und Egoist_innen – (Z. 88 f.) darauf abzielen, dass sich nicht immer alle angesprochen fühlen müssen.*

Darstellung des Argumentationsgangs in indirekter Rede, gegliedert durch Nummerierung

Wertung, Einordnung der sprachlichen Mittel

Auffällig ist die eindimensionale Argumentationsstruktur des Kommentars. Die Autorin führt ausschließlich Nachteile der geschlechtersensiblen Sprache auf, um so die Leser zu überzeugen.

Einschätzung, Bewertung der Argumentation

Sprachlich drückt Hümpel ihre Abneigung gegen das Gendern durch die sehr drastische Fleischwolf-Metaphorik aus, die sowohl im Titel des Kommentars als auch im Text verwendet wird. Diese negative Konnotation, die beim Gebrauch dieses Bildes erzeugt wird, wird durch ebenfalls negativ besetzte Wörter wie „Zwang" (Z. 23, 26), „Diktatur" (Z. 29), „Unfreiheit" (Z. 27), „Opfergruppe" (Z. 38), „Alarmsignal" (Z. 33), das Adjektiv „beschämend" (Z. 30) sowie die Analogie zur Franco-Diktatur und dem NS-Regime (vgl. Z. 28 f.) verstärkt. Gendern erscheint somit als etwas Brutales, Zerstörerisches, das die Autorin, selbst Journalistin und somit versiert im Umgang mit der deutschen Sprache, entschieden ablehnt. Dennoch ist auffällig, dass es Hümpel versäumt, explizit zu belegen, worin denn nun genau das Destruktive beim Gendern besteht.

Nun werde ich den Kommentar genauer im Hinblick auf die Argumentationstechnik beurteilen.

Die Argumentation ist insgesamt meiner Meinung nach recht schwach, denn die Autorin entfaltet ihre Argumente allenfalls oberflächlich und macht oft Pauschalaussagen. So führt die Autorin etwa ein Beispiel für die drohende Neutralisierung der Sprache an: „Eine Welt voller Lehrkräfte, Gartenkräfte, Hilfskräfte, Führungskräfte, Pressepersonen, Gastpersonen, Reitpersonen, Schiffspersonen – und Diverse. Was macht das mit uns?." Dieses Bespiel ist jedoch unlogisch, da die von ihr aufgeführten Personen und Kräfte Diverse stets integrieren - eben jene werden in Hümpels Beispiel jedoch nochmal gesondert aufgeführt.

Kritisch anzumerken ist außerdem, dass die Verfasserin kaum auf die Vorteile des Genderns eingeht, bzw. diese in Nebensätzen „beiseite wischt". Dies mindert die Glaubwürdigkeit des Kommentars erheblich, weshalb der Text mich insgesamt nicht überzeugt – auch wenn ich der Autorin zustimmen muss, dass der Sprachwandel als kontinuierliche Transformation nicht durch Verordnungen geregelt werden könne (vgl. Z. 21–33). Ich persönlich teile die Einschätzung der Autorin, dass die momentane Vielfalt an Darstellungsweisen der geschlechtersensiblen Sprache für Verwirrung sorgt und somit kontraproduktiv ist. Auch der sogenannte Genderstern ist meines Erachtens unübersichtlich. Hier würde ich eine einfache Lösung, z. B. das Binnen-I, bevorzugen.

Auf der anderen Seite möchte ich betonen, dass Studien gezeigt haben, dass z. B. der Ausschreibungstext bei Stellenausschreibungen von entscheidender Bedeutung ist und sich hier exemplarisch gezeigt hat, dass sich nur diejenigen, die sich angesprochen fühlen und sich somit mit dem Tätigkeitsfeld identifizieren können, auch bewerben werden. Von daher finde ich es wichtig, generell auf eine größere Sprachsensibilisierung zu achten.

Wertung, Einordnung der sprachlichen Mittel

Textbelege

Einschätzung, Bewertung der Argumentation

Auseinandersetzung mit der Position der Autorin, Deutungshypothese, Fazit und eigene Meinung

Einen Sachtext analysieren

KOMPETENZBOX

Sachtexte

Inhalt
- (Haupt-)Thesen
- Informationen, Fakten
- Argumente
- (Anschauungs-)Beispiele

– Hauptthese: Normierende Lenkung des Sprachgebrauchs führt in die Unfreiheit.
– Informationen: Gendergerechter Sprachgebrauch hält in weiten Teilen der gesellschaftlichen Kommunikation Einzug.
– Anschauungsbeispiele: Sprachgebrauch in Medien, Schule, öffentlichem Diskurs

Thema
- Themenbereich
- thematische Aspekte

– zunehmende Verwendung gendergerechter Sprache in weiten Teilen der Gesellschaft
– Eingriffe in den Sprachgebrauch

Darstellungsweise
- gedankliche Struktur
- Argumentationsstruktur
- Argumentationsweise
- Leserlenkung

– Argumentationsstruktur: Ausgangsbefund → These → Argumente → Beispiele → Schlussplädoyer
– Leserlenkung: Beispiele aus dem Alltag, zugespitzte, pointierte Vergleiche und Schlussfolgerungen

Absicht, Funktion
- informieren
- appellieren
- argumentieren
- unterhalten
- manipulieren

– Hauptfunktion: appellieren
– Nebenfunktionen: informieren, unterhalten

Textsorte, Medium
z. B. Bericht, Kommentar, Leserbrief, Rezension, Essay, Tabelle, Schaubild, …

– Kommentar

Sprache, Stil
- Satzbau
- Wortwahl
- Stilmittel, rhetorische Figuren
- Denotationen und Konnotationen
- Framing
- Leseransprache

– einfache, meist parataktische, in Teilen auch hypotaktische Satzkonstruktionen
– gut verständliche Alltagssprache, vereinzelte Fremdwörter
– Stilmittel: eingängige, teils pointierte Metaphern (z. B. Überschrift und Z. 10), Appelle (z. B. Z: 52 (zugespitzte) Vergleiche (z. B. Z. 26 f.), rhetorische Fragen (Z. 66 f.)

Textüberschreitende Aspekte
- Quelle
- Anlass, aktuelle oder historische Bezüge
- Bezug zu anderen Themen, Metaebene

– Quelle: Tageszeitung „Die Welt, 24.02.2021
– Anlass: verstärktes Bemühen um gendergerechte Sprache
– Bezug zu anderen Themen: Gleichberechtigung, Sprachwandel

Lösungen
Trainingsheft mündliches Abitur

2 Interpretation eines Kurzprosatextes → S. 16–25

Seite 18

1. Die Aufgabenstellung erfassen – das erste Textverständnis festhalten

1.1 In der Prüfungsvorbereitung können die unbekannten Wörter und Begriffe nur notiert werden, denn ein Wörterbuch ist nicht zugelassen. Sie können vor Beginn der Prüfung allerdings nachfragen. Die Klärung der Begriffe geht dann nicht in die Bewertung ein. Fragen, die während des Prüfungsverlaufs gestellt werden, sind Bestandteil der späteren Bewertung.

1.2 Leseeindrücke sind sehr wichtig bei der Lektüre von literarischen Texten. In der Regel bilden sie bereits eine emotionale Form des später versachlichten Grundverständnisses, der Interpretation. Sie sind zugleich ein Kontrollmechanismus, wenn das Verständnis nach der Analyse des Textes von den Eindrücken abweicht. Die Differenz sollte hier geklärt werden.

1.3 Der Operator Interpretieren verlangt von Ihnen eine fachliche und allgemeine Bewertung des Textes. Voraussetzung dafür ist eine gute und genaue Analyse, aus der die Interpretation dann entwickelt wird.

Seite 19

2. Den Text aspektorientiert untersuchen

2.1 Bevor Sie mit der eigentlichen Analyse des Textes beginnen, kann eine Liste mit den Kriterien der Gattung einen guten Überblick liefern. Es ist dann klar, was Sie tun sollten.

2.2 Mit der Auswahl der wichtigen Aspekte erfolgt eine Rückkopplung zur Aufgabe 1. Der Leseeindruck wird vertieft und zugleich überprüft. Werden Differenzen zwischen dem Leseeindruck und der Auswahl der wichtigen Aspekte des Textes festgestellt, ist eine Korrektur nötig. Dazu sollte der Arbeitstext noch einmal gelesen werden.
Mit dem Eindruck der Passgenauigkeit kann dann sicher weitergearbeitet werden.

2.3 Ausgehend von dem ersten Gesamtverständnis können nun aspektorientierte Markierungen und Notizen im Text vorgenommen werden. Es sollte jedoch nicht zu viel in der Textvorlage markiert werden; das führt zur Unübersichtlichkeit. Es empfiehlt sich, die Textbearbeitung überschaubar zu halten.

Seite 20

2.4 vgl. Beispiellösung S. 24 und Sprachtipps

3. Eine Deutungshypothese als Vortragsidee entwickeln

3.1 Deutungshypothese, Interpretation und Vortragsidee sind lediglich gedankliche Unterscheidungen des gleichen Sachverhalts. Die *Deutungshypothese* ist zunächst die **Annahme** eines Gesamtverständnisses von einem Text.
Nach der Überprüfung der inneren Stimmigkeit und des Abgleichs mit den Analyseergebnissen ergibt sich daraus die *Interpretation*.
Die *Vortragsidee* stellt dann die kommunikative Seite von der Deutungshypothese und der Interpretation dar, sie ist der Leitfaden für die Ausgestaltung des Prüfungsvortrags.
Sofern eine der vorformulieren Deutungshypothesen benutzt wird, ist es ratsam zu klären, wo die Gründe liegen, weshalb keine eigene Idee entwickelt werden konnte.

Seite 21

4. Die Untersuchungsergebnisse ordnen und Stichwortkarten anlegen

4.1 Es ist sinnvoll, die Deutungshypothese bzw. den Interpretationsgedanken auszuformulieren. Einerseits ist die schriftliche Form klarer als die nur gedachte, andererseits lässt sie sich besser überprüfen. Es gilt, was aufgeschrieben ist. Lässt sich der Gedanke nicht klar fassen, so muss die Sache überprüft und korrigiert werden. Je klarer die Gedanken über den Text erfasst sind, umso sicherer ist Ihr Auftritt in der Prüfung. Mehr als die Deutungshypothese kann in der kurzen Zeit der Vorbereitung nicht ausformuliert werden. Umso wichtiger ist, dass Sie die Kerngedanken klar vor Augen haben.
Die Stoffsammlung bildet das Material für die weitere Ausgestaltung der Deutungshypothese.

4.2 Es gilt, eine sinnvolle Ordnung zu finden mithilfe der Gliederung. Am Ende muss durch die gegliederte Stoffsammlung die Deutungshypothese gestützt werden. Die Aufbereitung der Stoffsammlung in eine Gliederung ist somit ein zweites Kontrollinstrument. Hier sollten Sie nur mit Stichwörtern arbeiten und keine schriftliche Ausgestaltung vornehmen.

Seite 22

4.3 Wenn die Prüfung der Stimmigkeit nicht bereits mit der Gliederung (4.2) erfolgt ist, sollten Sie an dieser Stelle unbedingt eine solche Revision vornehmen. Mit der ausgestalteten Deutungshypothese und der in der Gliederung enthaltenen Folge der Erläuterung bzw. Beweisführung ist der Vortrag in der Theorie komplett.

5. Den Vortrag konzipieren

5.1 Das Üben des Vortrags ist für eine Vorbereitung auf die mündliche Abiturprüfung unbedingt zu empfehlen. Das Wissen über den Gegenstand, die Kurzgeschichte, reicht allein nicht aus. Die strukturierte Darstellung müssen Sie vorbereiten und üben.
Die Partnerin/der Partner benötigt, um den Vortrag sachgerecht beurteilen zu können, die komplette Aufgabe mit dem hier vorgestellten Leitfaden; ebenso sollten Sie hinreichend Zeit zur Vorbereitung einplanen.

5.2 Zur Auswertung kann der Beurteilungsbogen genutzt werden. In ihm sind die fachlichen Kriterien für eine differenzierte Einschätzung der Leistung abgebildet. Nach der Besprechung des Ergebnisses sollten weitere Übungen – auch zu Teilaspekten – verabredet werden. Hilfreich können zur Einschätzung der Leistung die Kompetenzbox mit den Lösungen zu der Kurzgeschichte von Krausser sein und/oder die ausformulierte Interpretation auf der Seite 24.
Wichtig ist auch, darauf zu achten, dass die realen Zeitvorgaben der echten Prüfung eingehalten werden. In der tatsächlichen Prüfung sind nach Ablauf der Zeit keine Nachträge mehr möglich. Deshalb sollten Sie die Erfahrung machen, mit wenig Zeit eine umfassende Vorbereitung erstellen zu können.

Seite 23

6. Das Prüfungsgespräch antizipieren

6.1 Die Klärung der Frage, wo Verknüpfungen zu Gegenständen und Themen aus dem Unterricht hergestellt werden können, gehört zur Vorbereitung auf die Prüfung. Dazu sollten Notizen angefertigt werden. Vorteilhaft und in der Prüfung besonders wirksam sind Vergleiche zwischen Texten, die im Unterricht behandelt wurden, und dem Prüfungstext.
Ein unschätzbarer Vorteil wäre es, wenn Sie der Prüfungskommission Verknüpfungsideen präsentieren könnten.
Zur Literatur der 1950er Jahre: Bereits der Stil kennzeichnet den Text als nicht in die 1950er Jahre gehörend. Die Wortwahl ist sehr gegenwärtig. Auch die Themen, mit denen die Figuren belegt werden, passen nicht zur Nachkriegszeit.
Zum Thema „Heimat“: Heimat ist nicht mehr an einen Wohn- und Lebensort gebunden, an dem man geboren wurde und grundlegende Erfahrungen und Erlebnisse der Kindheit und Jugend mitbekommen hat. Mehr und mehr wird Heimat als Raum erlebter Zugehörigkeit, der wechseln kann, gesehen. Insofern ließe sich der Text dem Thema zuordnen.

6.2 **Die Bedeutung des Mediums für die Literatur:** Literatur und Kunst sind vor allem durch ihr Medium leicht zu identifizieren. Ein Gemälde im Museum, ein von einem literarischen Verlag veröffentlichter Roman werden automatisch als Kunstprodukte wahrgenommen. Letztlich entscheiden jedoch die Kriterien von Kunst und Literatur, ob ein Werk dazugehört oder nicht. Deshalb ist das Stadtmagazin allein kein Grund, die Geschichten von Krausser nicht der Literatur zuzurechnen. Dennoch liest man ein Stadtmagazin der Information wegen, somit als Sachtext. Die Wahrnehmung hängt am Ende von der Leserin, dem Leser ab.
Autofiktionalität ist ein Kriterium der Postmoderne. Weil allgemein anerkannte Bezugssysteme und Werte in Frage stehen, greifen Autorinnen und Autoren

häufig auf vermeintlich persönliche Erfahrungen oder Werte zurück. Damit wird die Fiktionalität des Textes jedoch nicht aufgehoben. Die autofiktionale Subjektivierung interessiert wohl vor allem moderne Leserinnen und Leser mit ähnlicher Orientierung.

6.3 individuelle Lösungen

3 Interpretation eines Auszugs aus einem epischen Text → S. 26–33

Seite 28

1. Die Aufgabenstellung erfassen – das erste Textverständnis festhalten

1.1 Literarische Texte sollten mehrfach gelesen werden. Die Verschlüsselungen und internen Textbezüge sind in der Regel erst bei einer wiederholten Lektüre zu erkennen und einzuschätzen. Die Notizen während der Lektüre helfen bei der späteren Beurteilung des Gesamttextes (Interpretation).

1.2 Auf Grund der konzentrierten Situation und der knappen Bearbeitungszeit ist es gut möglich, dass es zu diesem Text nur eine allgemeine Aufgabe zur Bearbeitung gibt. Das kann als Chance verstanden und genutzt werden, denn eine allgemeine Aufgabe bietet mehr persönlichen Spielraum für die Bearbeitung als differenzierte Aufträge.
Der Operator „Interpretieren Sie" verlangt, dass die methodischen Schritte einer Interpretation bekannt sind und eigenständig angewendet werden können. Zu bedenken ist, dass der Operator „Interpretieren Sie" den Operator „Analysieren" enthält. Schauen Sie in der Operatorenliste auf S. 13 nach.

2. Den Text aspektorientiert untersuchen

2.1 Auch wenn die Verwandlung des Protagonisten, realistisch betrachtet, sehr unwahrscheinlich ist, so handelt es sich doch um ein in der Kunst und Literatur übliches Motiv. Was in der äußeren Realität als unmöglich erscheint, kann als innere Handlung, etwa als Traum, gleichwohl erfahren werden. Und Träume sind in der Regel eine Reaktion auf die erlebte Wirklichkeit.

Seite 29

2.2 **Weitere bedeutsame Aspekte des Textes sind:**
die Handlung (der Inhalt; hier kann eine kurze Skizze sinnvoll sein), die Themen, die Erzählweise, die Sprache, das Genre (die Novelle), textüberschreitende Aspekte (vgl. Kompetenzbox S. 33).

Vernetzung der Themen mit den Figuren und ihren Beziehungen untereinander

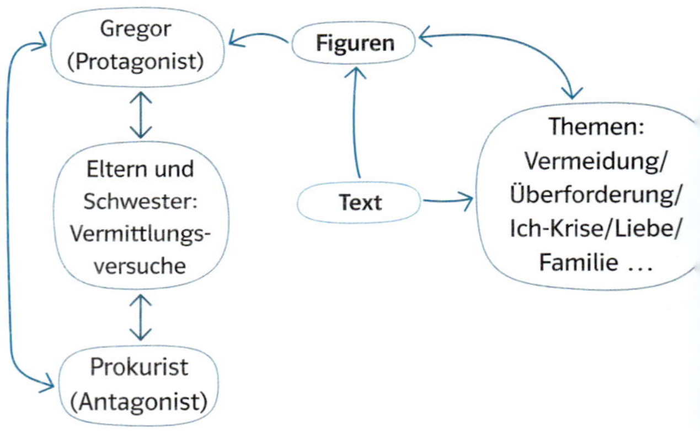

3. Eine Deutungshypothese als Vortragsidee entwickeln

3.1/3.2 Mit der **Deutungshypothese** wird das Textverständnis ausgedrückt. Auf Grund der Mehrdeutigkeit von Literatur lassen sich mehrere Hypothesen formulieren. Es ist sinnvoll, sich hier auf einen Schwerpunkt zu konzentrieren, weitere können ggf. ergänzt oder kombiniert werden. So ist das Gefühl Samsas, vom Leben überfordert zu sein, maßgeblich durch die fremdbestimmte Arbeitswelt bedingt, usw.
Die Deutungshypothese erklärt die Sinnzusammenhänge des Textes, während die **Vortragsidee** sich bereits auf die Darstellung der Ergebnisse in der Prüfung bezieht. Ein Sachverhalt dient verschiedenen Aspekten.

Seite 30

4. Die Untersuchungsergebnisse ordnen und Stichwortkarten anlegen

4.1 In eine **Einleitung** gehören allgemeine Informationen zum Material: Autor, Titel, Gattung/Genre, Erscheinungsjahr und das Thema des Textes. Die Einleitung gibt den roten Faden des Vortrags vor. Der rote Faden bietet der bzw. dem Vortragenden eine sinnhafte Orientierung über den inhaltlichen Verlauf (man weiß, was man sagen möchte), zugleich ist er für das Publikum ein Leitfaden des Verstehens.
Weitere Informationen zur Sache, die geordneten Analyseergebnisse, kommen in den **Hauptteil**.
Den **Abschluss** bildet ein Urteil oder eine Zusammenfassung der Ergebnisse oder ein erweiterter allgemeiner Ausblick (etwa zu Kafka als Autor der literarischen Moderne).
Prüfen Sie den ausformulierten Fließtext (S. 32) auf seine inhaltliche Stimmigkeit und seine fachliche Aussage. Entwickeln auf jeden Fall ein eigenes Konzept.

Seite 31

5. Den Vortrag konzipieren

5.1 Es ist ratsam, nicht nur das Material als Übung zur Interpretation von Texten zu nutzen, sondern auch den Vortrag gezielt zu üben. Die damit verbundene Erfahrung kann für die Realsituation der Prüfung einige Sicherheit geben.

5.2 Die Partnerin, der Partner muss mindestens die gleiche Kenntnis haben wie die bzw. der Vortragende. Hier geht es um fachliche Urteile, zu denen auch die Kompetenz des Vortrags gehört. Neben der Kenntnis gehört eine hinreichende Vorbereitungszeit dazu.

5.3 Der Vortrag sollte auch in der Übungsphase so gehalten werden wie in der Realsituation. Situationen des Stockens, der sprachlichen Hilflosigkeit oder des fachlichen Mangels gilt es ehrlich zu identifizieren.

5.4 Der Beurteilungsbogen bildet weitgehend die Kriterien einer realen Prüfungskommission ab. Das Format der mündlichen Abiturprüfung ist weniger personenabhängig als allgemein angenommen wird.

5.5 Weitere Übungssequenzen ergeben sich zwangsläufig aus der Auswertung der Übung. Neben dem Beurteilungsbogen können und sollten die vorbereiteten Lösungsvorschläge in diesem Heft hinzugezogen werden – sinnvollerweise erst nach der jeweiligen Übung.

6. Das Prüfungsgespräch antizipieren

6.1 Die Auswertung der Partnerübung gibt Aufschluss über mögliche Anknüpfungen durch die Prüfungskommission. Vor allem, wenn Ihr Vortrag die eingeräumten zehn Minuten nicht ausfüllt, kann mit Nachfragen zum Thema gerechnet werden.
Das Prüfungsgespräch knüpft in der Regel an den Vortrag an und thematisiert inhaltliche und fachliche Ungenauigkeiten oder auch Fehler.

6.2 Auf das erweiterte Prüfungsgespräch können Sie sich vorbereiten, indem Sie fachliche Überschneidungen der Prüfung mit Themen, Texten und Lektüren aus dem Unterricht feststellen. Auf jeden Fall kann ein derartiges Wissen mit in die Lösung der eigentlichen Prüfungsaufgabe einfließen.

6.3 Sehr geschickt ist es, sich zu überlegen, welche Stärken durch den Vortrag der Prüfungskommission für ein Prüfungsgespräch angeboten werden können. Dann übernehmen Sie in gewissen Grenzen selbst die Regie der Prüfung.

6.4 Zum Motiv der Verwandlung:
Mögliche Gemeinsamkeiten: Verwandlung des Protagonisten in ein Tier, Gefühl von (im Märchen vorübergehendem) Ausgegrenztsein, Gefühl von Isolation, Verwandlung als Symbol für einen Veränderungs- oder Entwicklungsprozess
Mögliche Unterschiede: Verwandlung im Märchen als vorübergehender Zustand mit Entwicklung zu einem guten Ende hin ↔ Folgen der Verwandlung im Textauszug von Kafka unklar, Ausgangspunkt und Ziel der Verwandlung bei Kafka unklar; Verwandlung bei Kafka nicht nur (wie im Märchen) Ausdruck eines (lösbaren) individuellen Problems, sondern zugleich Symptom allgemein menschlicher, existenzieller Fragen

6.5

Klassische Moderne	***Die Verwandlung***
– Beschleunigung des Alltags	– „anstrengender Beruf" (Z. 40 f.)
– Mechanisierung, Technisierung	– „Sorgen um Zuganschlüsse" (Z. 45)
– anonymisiertes, unpersönliches Leben	– „nie herzlich werdender menschlicher Verkehr" (Z. 47 f.)
– Gefühl, fremdbestimmt zu sein	– „Was ist mit mir geschehen?" (Z. 12)
– Gefühl von Heimat- und Orientierungslosigkeit	– „Samsa war Reisender" (Z. 17 f.)
– Suche nach dem „eigentlichen", selbstbestimmten Ich	– „Dann wird der große Schnitt gemacht" (Z. 78 f.)

6.6 Weitere Anknüpfungspunkte könnten sein die Gemeinsamkeiten zu Kafkas Text „Die Kleine Fabel" (vgl. Themenheft S. 30):
Gemeinsamkeiten: rätselhafte, irritierende Situation, Gefühl von Enge und Ausweglosigkeit, bedrückende, unmenschlich große Aufgabe für den Protagonisten; Andeutung existenzieller Grundfragen
Unterschiede: sentenzhafte, auf das absolute erzählerische Minimum reduzierte Parabel ↔ Auszug aus einem längeren Erzähltext, in dem sich Handlung und Figuren entwickeln; eindeutiges, tödliches Ende für die Maus ↔ (noch) offener Ausgang des Auszugs aus der *Verwandlung*

4 Interpretation eines Gedichts → S. 34–41

Seite 36

1. Die Aufgabenstellung erfassen – das erste Textverständnis festhalten

1.1 Der Operator „interpretieren" entspricht dem Anforderungsbereich III und beinhaltet sämtliche Aspekte der Gedichtinterpretation, d.h.:
- einleitender Basissatz mit Deutungshypothese
- formale Aspekte
- Stimmung und Sprecher des Gedichts
- Inhalt des Gedichts (unter Berücksichtigung der Form)
- zentrale Motive und Symbole
- sprachliche und funktionale Aspekte (funktional gedeutet)
- zentrale Aussage und Wirkung
- Hinweise zur Epoche
- Fazit

Der Operator „darstellen" entspricht dem Anforderungsbereich II und verlangt eine klar strukturierte Darstellung. Hier müssen Sie
- zunächst typische Kennzeichen der Strömung der Neuen Sachlichkeit nennen.
- anhand Ihrer Interpretationsergebnisse zeigen, wo im Gedicht typische Merkmale dieser Strömung zu finden sind.

1.2 Die Antwort ist individuell und daher kann sie verschieden ausfallen. Möglicherweise werden die Ironie und der besondere Humor des Gedichts betont oder aber eine leise Melancholie, die sich nach dem Lesen aufgrund ähnlicher Erfahrungen einstellen könnte.

1.3 Ihr Stichwortzettel sollte klar strukturiert sein und eine Grundlage für Ihre spätere Interpretation darstellen, ein Beispiel:

Inhalt:
- Titel: Großstadtliebe: werden Erwartungen erfüllt? Den Titel ernst nehmen!
- Leben in der Großstadt, Hektik, laut
- keine romantische Liebe, sehr abgeklärt
- Beziehung wird beendet (letzte Strophe)

Form:
- **fünf Strophen**, bestehend aus je **fünf Versen**
- **Reimschema:** kann nicht genau bestimmt werden: (ABAAB) Bedeutung?
- **Metrum:** Jambus - Funktion klären!

sprachliche Gestaltung:
„irgendwo", „irgendwann", „irgendwas": ungenaue Angaben
unpersönlich: „man" (Vers 1)
Metapher „Grau der Tage" (Vers 6): grauer Alltag
„Weekend-Fahrt" (Vers 23): Anglizismus, witzig
Ellipse in Vers 25
Gesamtaussage: fehlende Zeit, Nähe, Hektik führt zum Scheitern einer Beziehung

2. Den Text aspektorientiert untersuchen

2.1 Hier gibt es keine allgemeingültige Lösung. Die semantische Kartografie hängt von Ihren Ergebnissen und Ihrer Arbeitsweise ab. Das Beispiel auf Seite 36 stellt eine mögliche Lösung dar.
Tipp: Arbeiten Sie mit Markierungen und Pfeilen. Achten Sie darauf, nicht das gesamte Gedicht bunt zu markieren – *„keep it straight and simple".*

2.2 Beachten Sie die Kompetenzenzbox auf Seite 41.

2.3 **Mögliche inhaltliche Schwerpunkte können sein:**
- Motive (Großstadt, Liebesbeziehung)
- Besonderheiten der Neuen Sachlichkeit
- selbst gewählte Fragen, z.B.: „Ist das Gedicht heute noch aktuell?"

2.4

A	–	Die These ist so nicht nachvollziehbar, es fehlt eine Begründung.
B	+	Die These wird begründet und am Text belegt.
C	–	Die These müsste näher begründet werden: Worin zeigt sich die Kälte zwischen dem Paar? Welche Assoziationen werden bei einem Himbeereis außer Kälte ausgelöst?
D	–	In der Aussage wird der Zusammenhang zwischen dem sprachlichen Mittel und der funktionalen Deutung nicht deutlich.
E	+	Die Aussage überzeugt und enthält eine einfühlsame psychologische Deutung.
F	+	Die Aussage ist knapp, aber präzise und wird belegt.

Seite 37

2.5 Ergänzen Sie beim nochmaligen Lesen Ihre semantische Kartografie.

2.6 **Zeitraum:** Die literarische Epoche der Neuen Sachlichkeit umfasst den Zeitraum während der Weimarer Republik (1918–1933).
Gegenbewegung: Die Neue Sachlichkeit versteht sich als Reaktion auf die Epoche des Expressionismus.
Themen und Motive der neuen Sachlichkeit sind: Folgen des Ersten Weltkriegs; soziale, wirtschaftliche und politische Veränderungen und Probleme, Alltagssorgen, Arbeitslosigkeit, Beziehungen
typische Gattungen und Genres: Romane (Epik); Berichte und Reportagen (Sachtexte)
typische sprachliche Merkmale: einfache, unprätentiöse, nüchterne Alltagssprache, wenig sprachliche Mittel. Das Gedicht *Großstadtliebe* enthält für diese Epoche ungewöhnlich viele Stilmittel.

2.7

Strophe	Inhalt	sprachliche Mittel	Deutung	Bezug zur Neuen Sachlichkeit
1	*„flüchtiger", örtlich und zeitlich nicht näher benannter Beginn einer Bekanntschaft*	Indefinitpronomen „man" (V. 1) Adverbien („irgendwo, irgendwann, irgendwas") → unpersönliche, flüchtige Wirkung	Oberflächigkeit der Beziehung	typische Thematik: Alltagsprobleme Beziehung, *Titel: Großstadtliebe*
2	Vorfreude auf abendliche Amüsements im Alltag	*Antithesen: „Grau der Tage" ↔ „Leuchten früher Abendstunden"; „Alltagssorgen" ↔ „Freuden der Gehaltszulage"*	geschäftsmäßige Beziehung	nüchterne, sachliche Darstellung der Beziehung
3	Die Beziehung kann nur in der Anonymität der Großstadt geführt werden.	„Gewühl der Großstadtstraßen"	Oberflächigkeit aufgrund äußerer Zwänge	*von Technik und Wirtschaft geprägtes Leben in der Großstadt*
4	Alltag in der Beziehung	„Man teilt die Alltagssorgen und die Plage, Man teilt die Freuden der Gehaltszulage, ... Das übrige besorgt das Telephon." Parallelismus Indefinitpronomen	*vom Arbeitsleben begrenzte, pragmatisch-nüchterne Form der Zweisamkeit, in der (fast) alles ausgesprochen wird, sodass es wenig Raum für Romantik gibt*	Alltagslyrik
5	*Ende der oberflächlichen Beziehung aus mangelndem Interesse und fehlender Nähe, lakonische Trennung*	Neologismus „Weekendfahrt" (V. 23)	*Der moderne, geschäftig-sachliche Umgang miteinander („Telephon" und „Stenographenschrift") führt zu distanzierten, unpersönlichen („man") zwischenmenschlichen Beziehungen.*	Bezug zu technischen Errungenschaften „Stenographenschrift"

Seite 38

3. Eine Deutungshypothese als Vortragsidee entwickeln

3.1 **Deutungshypothese:** Das Gedicht ist kein Liebesgedicht.
Tipp: Kommen Sie am Ende Ihres Vortrags auf Ihre eingangs aufgestellte Deutungshypothese zurück. Damit wird Ihr Vortrag abgerundet.

3.2 Belege für die Deutungshypothese, es handle sich beim vorliegenden Gedicht um kein Liebesgedicht:
- Unbestimmtheit und Oberflächigkeit der Beziehung (vgl. V. 1 und 3)
- wirkliche Nähe kommt nie zustande, was die Indefinitpronomen und Adverbien verdeutlichen (vgl. V. 25)
- Der Alltag, die gesellschaftlichen Normen und der Beruf dominieren von Anfang an die Beziehung (vgl. V. 8 ff.).

3.3 Möglich sind hier:
1. eine **chronologische Reihenfolge** (entlang der Strophen des Gedichts

oder

2. eine **aspektorientierte Reihenfolge** (z. B. Kennenlernen, Umstände der Beziehung, Alltag; Nähe der Partner, Umstände der Trennung)

4. Die Untersuchungsergebnisse ordnen und Stichwortkarten anlegen

4.1 **Tipp:** Achten Sie auf eine klare Struktur und eine logische Reihenfolge.

4.2 **Tipp:** Notieren Sie auf Ihren Stichwortkarten tatsächlich nur Stichworte und keine ausformulierten Sätze.

5. Den Vortrag konzipieren

5.1 Möglicher Einstieg: Basissatz mit Deutungshypothese (Es handelt sich – trotz des Titels *Großstadtliebe* beim vorliegenden Gedicht nicht um ein Liebesgedicht.)
Wichtig: Auch andere Lösungen sind selbstverständlich möglich und richtig, z.B. der Bezug zur Epoche oder der Einstieg mit einem Zitat.

5.2 **A**
Stärken:
- Der Einstieg enthält eine klare Deutungshypothese.

Schwächen:
- Der Basissatz ist formal unvollständig. Es fehlt der Hinweis auf die Epoche der Neuen Sachlichkeit.

B
Stärken:
- Die Epoche „Neue Sachlichkeit" wird eingangs knapp umrissen.

Schwächen:
- Das Kernthema des Gedichts wird nicht benannt.
- Die Fokussierung auf die Epoche ist zu einseitig.
- Es wird keine Deutungshypothese aufgestellt.

Seite 39

C
Stärken: keine
Schwächen:
- unvollständiger Basissatz
- keine Deutungshypothese, zu banal

5.3 Ein möglicher Übergang könnte lauten:
Im Folgenden werde ich meine Deutungshypothese durch die Interpretation des Gedichts verifizieren.

5.4 Im Schlussteil können
- die Ergebnisse zusammengefasst werden,
- vor dem literaturgeschichtlichen Hintergrund bewertet werden.

Ferner muss die eingangs aufgestellte Deutungshypothese verifiziert werden.

5.5 Achten Sie bei der Partnerübung auf folgende Fragen:
- Wurde ein einleitender Basissatz mit Deutungshypothese formuliert?
- Hat der Vortrag einen „roten Faden?"
- Wurde korrekte Fachsprache verwendet?
- Werden die Ausführungen durch Textbelege (direkte Zitate) gesichert?
- Gibt es im Fazit einen Bezug zur eingangs aufgestellten Deutungshypothese?

5.6 **Tipp:** Gehen Sie konstruktiv mit Ihren Schwächen um, notieren Sie immer gleich Verbesserungsmöglichkeiten.

6. Das Prüfungsgespräch antizipieren

6.1 **Typische Merkmale der literarischen Strömung der Neuen Sachlichkeit (1918–1933) sind:**
- Thematisierung von Alltagsproblemen (Arbeit, Beziehung, Politik, Gesellschaft; Technik, Zeitalter der Moderne)
- Entindividualisierung und fehlende Nähe
- Verzicht auf Darstellung der Emotionen
- sparsamer Einsatz sprachlicher Mittel

6.2 **Tipp:** Beim Operator „vergleichen" müssen Sie Gemeinsamkeiten und Unterschiede zwischen beiden Epochen herausstellen und den entscheidenden Unterschied bzw. die größte Gemeinsamkeit betonen.
Eingangs sollten Sie **zentrale Merkmale der Epoche der Romantik** benennen:
- Duplizität der Welt
- Betonung individueller Gefühle
- Rückzug in eigene Fantasiewelten, Dominanz des Fantastischen
- Verklärung des Mittelalters
- tiefe Religiosität und Naturverbundenheit

Hier zeigt sich bereits, dass beide Epochen viel mehr unterscheidet als verbindet.
Zentrale Unterschiede sind:
- die Bedeutung des Individuums (Betonung des Individuums in der Romantik vs. Entindividualisierung in der Epoche der Neuen Sachlichkeit)
- Dominanz des Fantastischen vs. Fokussierung auf die Realität
- Verklärung des Mittelalters vs. Betonung des Pragmatismus im Zeitalter der Moderne
- Naturverbundenheit vs. Leben in der Großstadt

Das *serapiontische Prinzip*, d.h. die Duplizität der Welt in der Romantik ist Schlüssel für die zentrale Gemeinsamkeit, denn die Epoche der Romantik kann auch als Reaktion auf die beginnende Industrialisierung und Technisierung der Welt verstanden werden. Genau dieser Aspekt dominiert auch die literarische Strömung der Neuen Sachlichkeit, allerdings findet hier keine Flucht in das Imaginäre statt, stattdessen dominiert die Moderne die menschlichen Beziehungen.

6.3 **Tipp:** Der Operator „überprüfen" verlangt
- eine Verifizierung oder Falsifizierung der vorgegebenen These und
- dabei eingangs eine kurze Darstellung der zentralen Merkmale der Epoche der Romantik.

Zentrale Merkmale der Epoche der Romantik (ca. 1790 – 1830) sind:
- Duplizität der Welt
- Betonung individueller Gefühle
- Rückzug in eigene Fantasiewelten, Dominanz des Fantastischen
- Verklärung des Mittelalters
- tiefe Religiosität und Naturverbundenheit

Ausgehend von dieser Definition sprechen folgende Befunde aus dem Gedicht dafür, dass die Neue Sachlichkeit als **Gegenbewegung zur Romantik** verstanden werden kann:
- die Unbestimmtheit der Gefühle und Entindividualisierung des Paares im Gedicht *Großstadtliebe*
- die Dominanz des Alltags und der gesellschaftlichen Normen, die die Beziehung prägen
- die Dominanz der Industrialisierung und der Aspekt der Moderne im Gedicht *Großstadtliebe*

Folgende **Argumente sprechen dagegen**, dass es sich bei der Neuen Sachlichkeit um eine Gegenbewegung zur Romantik handelt:
- Aufgrund des großen zeitlichen Abstands zwischen den Epochen kann man nicht von einer Gegenbewegung sprechen.
- Die Epoche der Neuen Sachlichkeit ist insbesondere von der Moderne und den Schrecken des Ersten Weltkriegs geprägt.
- Das Weltbild der Romantiker beinhaltet insbesondere die Duplizität der Welt, d.h. Spaltung zwischen Innen- und Außenwelt und verschiedene Daseinsformen *(serapiontisches Prinzip).*

Je nachdem, welche Argumente Ihrer Meinung nach stärker zu gewichten sind, verifizieren oder falsifizieren Sie die These abschließend.

6.4 Mögliche textüberschreitende Aspekte:
- Liebesgedichte anderer literarischer Epochen oder weitere Themen des Gedichts, z.B. die Entindividualisierung in der Großstadt oder das Leben in der Großstadt, Fremdheit und Vertrauenserfahrungen
- die Darstellung der (Liebes-)Beziehung in anderen Gedichten dieser literarischen Strömung (z.B. *Sachliche Romanze* oder *Repetition eines Gefühls* von Erich Kästner, *Happy End* von Kurt Tucholsky)
- Biografie und Werk von Mascha Kaléko (oder anderer Autoren und Autorinnen dieser Epoche)
- Literatur vor der Machtergreifung Hitlers
- Lyrik im Exil

6.5 **Tipp:** Achten Sie beim Operator „diskutieren" darauf, dialektisch zu argumentieren.
Als **Argumente, die dafür sprechen**, dass das vorliegende Gedicht ein Liebesgedicht ist, können u.a. herangezogen werden:
- der Titel *(Großstadtliebe)*
- die Unbestimmtheit der Gefühle („ein Irgendwas, ´s nicht näher zu benennen", V. 3) impliziert nicht, dass es keine Gefühle gibt
- V. 6 „Man hat sich lieb" suggeriert durchaus tiefere Gefühle

Als **Argumente, die dagegen sprechen**, dass das vorliegende Gedicht *Großstadtliebe* kein Liebesgedicht ist, können z.B. genannt werden:
- Unbestimmtheit und Oberflächigkeit der Beziehung
- wirkliche Nähe kommt nie zustande, was die Indefinitpronomen und Adverbien verdeutlichen
- der Alltag, die gesellschaftliche Normen und der Beruf dominieren von Anfang an die Beziehung

Das **abschließende Fazit** hängt von Ihrer persönlichen Einschätzung ab. Ein mögliches Fazit könnte lauten:
Meines Erachtens überwiegen die Argumente, die gegen ein Liebesgedicht sprechen, da Nähe und Vertrautheit unverzichtbare Bestandteile einer Liebesbeziehung sind.

6.6 Humor und Ironie sind zentrale Bestandteile für die Stimmung des Gedichts und verschaffen diesem eine Leichtigkeit. Ohne den leisen, augenzwinkernden Humor („Erotik muss auf Sonntag sich beschränken", V. 18) wäre die Stimmung sehr trist und hoffnungslos.

6.7 **Tipp:** Der Operator „auseinandersetzen" erlaubt Ihnen, *entweder* für *oder* gegen diese These zu argumentieren.
Festzuhalten ist, dass sich Werke dieser literarischen Strömung in der Tat meist durch sprachliche Schlichtheit und Einfachheit auszeichnen. Deshalb wird diese Lyrik auch „Alltagslyrik" genannt, was mitunter zu einer Unterschätzung der Werke dieser Epoche führt, die aber nicht gerechtfertigt erscheint, wenn man die Nuancen der Ironie und des Humors berücksichtigt. Stellvertretend sei hier die Einschätzung des Literaturkritikers Marcel Reich-Ranicki genannt, der in einer Kritik über Kästner provokativ die Frage gestellt hat: „Ist das Leichte gleich verächtlich?" Nur weil sich die Sprache dieser Epoche durch Einfachheit auszeichnet, impliziert dies nicht zwangsläufig Oberflächigkeit.

5 Vergleich zweier Gedichte → S. 42–51

Seite 44

1. Die Aufgabenstellung erfassen – das erste Textverständnis festhalten

1.1 Die Aufgabe verlangt die Interpretation von Georg Heyms Gedicht *Vorortbahnhof* und anhand dieser Ergebnisse einen Vergleich (= Gemeinsamkeiten und Unterschiede) mit Joseph von Eichendorffs Gedicht *Frische Fahrt*; Schwerpunktsetzung ist freigestellt

1.2 Mögliche Antworten:

Vorortbahnhof:
Titel: Stille, Einsamkeit, Eisenbahn
Erwartung: individuelle Lösungen
Epoche: Expressionismus (ca. 1910-1925), Autor als typischer Vertreter der Epoche

Frische Fahrt:
Titel: Aufbruch, Freude, Urlaub
Erwartung: individuelle Lösungen
Epoche: Romantik (ca. 1795-1840), Autor als typischer Vertreter der Epoche

1.3 *Vorortbahnhof*:
Inhalt: technisierte Welt, Großstadtmilieu, Menschen als Masse, Abend bzw. Nacht, Abgestumpftheit, kein klares lyrisches Ich
Sprache: vielfache Bildlichkeit, Farben, Wortfeld Eisenbahn
Form:
- 4 Strophen mit 14 Versen
- Sonett: 2 Quartette, 2 Terzette
- Reimbuchstaben: abba abba cde cde → Quartette: umarmender Reim, Terzette: verschränkter Reim
- Metrum: regelmäßiger fünfhebiger Jambus
- Kadenzen: m-w-w-m in Quartetten, w-w-m in Terzetten
- Enjambements in V. 3, 5–7, 13

Frische Fahrt:
Inhalt: Reisemotiv, Durchdringung der menschlichen Seele durch die Natur, positive Stimmung, Traumwelt, Euphorie, persönliches lyrisches Ich
Sprache: Farbe Blau, Exklamationen, Wortfeld Natur
Form:
- 2 Strophen mit 16 Versen
- beide Strophen jeweils 8 Verse
- Reimbuchstaben: ababcdcd efefghgh → durchgängiger Kreuzreim
- Metrum: regelmäßiger vierhebiger Trochäus
- Kadenzen jeweils abwechselnd w-m
- Enjambements in V. 5, 7

2. Den Text aspektorientiert untersuchen

2.1 lyrischer Sprecher; Sprechsituation; Inhalt; Form; Klang; sprachlich-stilistische Mittel; Genre

2.2 vgl. So geht's

2.3 individuelle Lösung, vgl. Lösung 2.5

Seite 45

2.4

A	+	korrekte Zitation; präzise Formulierung; inhaltlich nachvollziehbar
B	mehrheitlich +	korrekte Zitation; inhaltlich korrekt; präzise Formulierung bei einer Ungenauigkeit: Was bedeutet „Freude innerhalb der Reise"?
C	–	fehlender Beleg: Zitation fehlerhaft; Ziel des Hinweises auf Naturlyrik nicht ersichtlich
D	+	korrekte Zitation; präzise Formulierung; inhaltlich nachvollziehbar
E	+/–	präzise Formulierung; inhaltlich ungenau: Was bedeutet „schnelles Ende"?; unwissenschaftliche bzw. für Oberstufe inadäquate Form des Belegs (Anmerkung: Im mündlichen Vortrag „in V. XY" i. O., in schriftlicher Prüfung fehlerhaft.)
F	mehrheitlich +	korrekte Zitation; inhaltlich nachvollziehbar; sprachliche Anknüpfung an Stilmittel; Beweis der Beachtung weiterer gleicher stilistischer Mittel; Fachbegriff fehlt

2.5 Beispiellösung

Vorortbahnhof:
- Schnelllebigkeit repräsentiert durch Enjambements (vgl. V. 5–7) und parataktischen Satzbau (vgl. V. 5–8)
- Verlust der Individualität durch Alliteration „Menschenmassen" (V. 6) bei Fabrikarbeitern (vgl. parallele Farbgebung: V. 7)
- Inversion (vgl. V. 7f.) zeigt passives Erdulden bzw. Gehorchen der Menschen
- Wechsel von Ankunft und Abfahrt in Quartetten (vgl. V. 1–8) bzw. Terzetten (vgl. V. 9–14) als ewiger, ununterbrochener Kreislauf; unterstützt durch fünfhebigen Jambus als Metrum des Marsches und dessen Regelmäßigkeit
- Bedrohung durch technisierte Welt lässt sich in der Personifikation von der Lebendigkeit des Zuges erkennen (vgl. V. 9f.); eingestiegene Menschen werden durch die Metapher des „Bauch[s]" (V. 9) zur Nahrung degradiert
- Selbst Technik ohne nachhaltige Bedeutung, auch von ihr bleibt aufgrund des personifizierten Abends (vgl. V. 11) am Ende nichts übrig
- Vergänglichkeit durch Metapher der herabfallenden Blätter (vgl. V. 14) betrifft die Menschen, die in der Synekdoche „Esser" (V. 14) reduziert werden und sogar weniger lebendig wirken als die leblosen Dinge (vgl. Personifikation V. 13) ↔ gleichzeitig Natur als Rückzugsort durch Allusion auf Romantik bzw. Biedermeier: „rote Lampen" (V. 12) als „Funken" Hoffnung
- Konfrontation mit Vergänglichkeit und Tod aufgrund Gedichtform des Sonetts – klassische Form des Barocks – allgegenwärtig

Frische Fahrt:
- formale Einheitlichkeit der zwei Strophen zu je acht Versen des regelmäßigen vierhebigen Trochäus, des steten Kreuzreims und des ständigen Kadenzwechsels zeugt von Beschleunigung und fließender Melodie; spiegelt sich bereits in der Titelalliteration (vgl. Überschrift) wider
- Alliteration der „[l]aue[n] Luft" (V. 1) zeigt bereits angenehmes Empfinden des aktiven lyrischen Ichs (vgl. z. B. V. 9)
- Enjambements (vgl. V. 5, 7) in Verbindung mit dem positiv konnotierten Adverb „bunt" (V. 5) bzw. Adjektiv „schön[ ]" (V. 7) versinnbildlichen in Verbindung Euphorie des lyrischen Ichs, das „mitgezogen" wird
- Die Exklamationen (vgl. V. 2, 9, 12, 15, 16) führen diesen Aspekt weiter und zeigen, dass das lyrische Ich gar nicht genug von seiner Reise bekommt.
- Hyperbel „Tausend Stimmen" (V. 13) weist auf Universalität der romantischen Stimmung hin.
- Repetition „Frühling" (V. 2) als Zeichen eines Neuanfangs
- Wortfeld der Natur (vgl. z. B. V. 1, 6, 14) als typisch romantischer Ort der Selbstentgrenzung
- Lyrisches Du (vgl. V. 8) weist auf weitere Betroffene hin.
- Herannahende Allegorie „Aurora" (V. 14) als Beginn des Tages in Verbindung mit Nomen „Ende" (V. 16) lässt traumhaften Zustand des lyrischen Ichs annehmen.
- Inversion (vgl. V. 10) zeigt erlangte Distanz des lyrischen Ichs zum Alltagsleben.

2.6 Mögliche Vergleichsaspekte:

Welt: technisierte, auf Schnelligkeit ausgelegte Arbeitsatmosphäre ↔ schöne, traumhafte Natur

Rolle des Menschen: namenlose „massa damnata", die auf ihre Arbeitskraft reduziert wird ↔ In und anhand der (beseelten) Natur zeigt sich die Lebendigkeit des Menschen als Ausdrucksraum der romantischen Seele.

Natur: Vergänglichkeit letzte Hoffnung ↔ vgl. Rolle des Menschen

Farbgestaltung: Verdeutlichung von Anstrengung, Fabrikwesen, Stadtleben; Ausnahme ist die natürliche „grüne Böschung" (V. 1), die aber vom herannahenden Zug neutralisiert wird ↔ Farbvielfalt, z. T. angedeutet durch die Elemente, z. B. Wasser

lyrisches Ich und seine Stimmung: sachlich, nüchtern, emotionslos, desillusioniert; geht genauso in der Masse unter wie alle anderen ↔ Gefühl erfüllender Sehnsucht durch persönliche Teilhabe

Reise: technisierter Massentransport zum Zweck des Pendelns ↔ individuell zugeschnittene Traumfahrt

Tempo/Ton: distanziert; hohe Geschwindigkeit wegen Austauschbarkeit und ewigen Arbeitskreislaufs ↔ fröhlich; zunehmende Geschwindigkeit als Spiegel der erhöhten Erfüllung der Sehnsucht

Seite 46

2.7 individuelle Lösung

2.8 Beispiellösung:
Vorortbahnhof ist ein typische expressionistisches Gedicht, in dem die Individualisierung aufgehoben und der Städter zu einem dienstbaren Teil der Technisierung wird. *Frische Fahrt* zeigt klassische Motive der Romantik wie den Traum, die Natur und die Sehnsucht, das lyrische Ich wünscht sich eine Reise durch die vorliegende Welt des anbrechenden Frühlings. Trotz angedeuteter Ambivalenz ist das zweite Gedicht deutlich fröhlicher gestaltet.

3. Eine Deutungshypothese als Vortragsidee entwickeln

3.1 individuelle Lösung

3.2 vgl. auch Lösung zu 2.6

Vergleich der Einflüsse des Äußerlichen auf die Stimmung des lyrischen Ichs:
- Zustand und Entwicklung des lyrischen Ichs
- Beachtung der Umwelt des lyrischen Ichs
- Gegenseitige Durchdringung von Umwelt und lyrischem Ich

Vergleich des Reisemotivs:
- zentraler Aspekt in beiden Gedichten
- klassisches Motiv, das auch individuelle Vertiefung ermöglicht
- eindeutiger Unterschied

Vergleich von Sprache, Ausdruck und Form:
- detaillierte Analyse durch „Textlupe" und daraus sich ergebende Gesamtdeutung
- keine Reduzierung auf primär auffällige Inhalte
- Vergleichsmöglichkeiten durch Farben, Sprachfelder und Bildgestaltung (Metapher, Personifikationen)

Vergleich der Farbmetaphorik:
- eine wesentliche Auffälligkeit in beiden Gedichten
- eindeutige Unterschiede
- Möglichkeit zu tiefergehender Erläuterung und differenziertes Urteil aufgrund Bedeutungsvielfalt von Farben
- Überleitung zur Sprachanalyse

3.3 **Beispiellösung:**
Während im Gedicht *Vorortbahnhof* die Menschheit auf ihre Arbeitskraft reduziert wird und als austauschbare Ware nur zu erwähntem Zweck schnellstmöglich von A nach B verfrachtet wird, ist im zweiten Gedicht, *Frische Fahrt*, eine persönliche Teilhabe festzustellen. Auch hier ist der Mensch weniger aktiv, er wird auch „mitgezogen", aber er ist gerne Teil davon. Denn die beseelte Traumwelt der Natur vermag dem lyrischen Ich seine tiefsten seelischen Sehnsüchte zu erfüllen, beim *Vorortbahnhof* reicht es am Ende gerade noch fürs allabendliche „Essen".

Seite 47

3.4 individuelle Lösung

3.5 individuelle Lösung, vgl. Lösung Spalte Stärken bei 3.6

3.6

	Stärken	Schwächen
A	- Angabe, dass es sich um zwei verschiedene Epochen handelt - Nennung Romantik - klare Erläuterung des Vorgehens - individuelle Schwerpunktsetzung	- Unkenntnis der zweiten Epoche wird deutlich - Unsicherheit: Konjunktiv - Titel, Autoren und Jahreszahlen der Gedichte fehlen - keine eigene Hinführung - fehlende Deutungshypothese - keine Gewichtung der beiden Gedichte
B	- eigenständiger, textimmanenter Einstieg durch Zitat - Integration von Epochen- bzw. Geschichtswissen - metaphorische Schlussfolgerung - Angabe der Titel, Autoren und Epochen der Gedichte - aspektorientierte Verknüpfung der beiden Gedichte - Deutungshypothese	- Jahreszahlen der Gedichte fehlen - kein inhaltlicher Aspekt im zweiten Gedicht - Gewichtung der beiden Gedichte nicht eindeutig
C	- Anspielung auf sehr bekanntes Werk - sprachliche Verknüpfung mit Titel des zweiten Gedichts - Angabe des Titels und Autors des zweiten Gedichts und der Epochen - allgemeiner Aktualitäts- bzw. Gegenwartsbezug vorhanden - Gewichtung der beiden Gedichte	- Jahreszahlen der Gedichte fehlen - keine inhaltlichen Aspekte der Gedichte - Titel und Autor des ersten Gedichts fehlen - fehlende Deutungshypothese

3.7 individuelle Lösung

3.8 **Beispiellösung:**
Reisen, fahren, sich auf den Weg zu machen, kann Vieles bedeuten. Manchmal muss man sich auf den Weg machen, weil es, z. B. aus Gründen der Arbeit, verlangt wird. Obgleich man sich heutzutage als Pendler hoffentlich nicht als Teil einer „massa damnata" ver-

steht, geht es trotzdem wie beim Gedicht *Vorortbahnhof* darum, schnell von A nach B zu kommen. Dass dies auch mit Problemen versehen sein kann, beweist in „mutiger“ Regelmäßigkeit die DB. Die Romantiker dagegen sehen im „sich auf den Weg machen“ eine Möglichkeit der Selbsterweiterung und -verwirklichung sowie des Erkenntnisgewinns. Nicht umsonst heißt es in Eichendorffs berühmter Novelle *Aus dem Leben eines Taugenichts* relativ zu Beginn wie folgt: „Wem Gott will rechte Gunst erweisen, Den schickt er in die weite Welt, Dem will er seine Wunder weisen In Fels und Wald und Strom und Feld.“ Und ganz verloren haben wir die Romantik offensichtlich nicht, wie der aktuelle Wander- und Bergtourismus erkennen lässt. Zum Startpunkt einer Tagestour ließe sich sogar mit dem Zug fahren.

Seite 48

4. Die Untersuchungsergebnisse ordnen und Stichwortkarten anlegen

4.1 individuelle Lösung

4.2 **Beispiellösung:**

A Einleitung:
Reisen als Grundbedürfnis des Gegenwartsmenschen

B Hauptteil:

I. Inhalt *Vorortbahnhof*
1. Ankunft eines herannahenden Abendzuges in scheinbar schöner Natur (V. 1–4)
2. schneller Einstieg vieler (Fabrik-Arbeiter) nach der Arbeitsschicht (V. 5–8)
3. Abfahrt des Zuges in eine nicht näher beschriebene Richtung und allmähliches Verschwinden desselben in der Dunkelheit (V. 9–11)
4. Stadtszenerie: heimgekehrte Arbeiter beim Abendessen und Hinweis auf Restnatur in der städtischen Welt (V. 12–14)

II. Inhalt *Frische Fahrt*
1. Erwachen der Welt in buntem Frühling (vgl. V. 1–2)
2. Ertönen eines Jagdhorns als Beginn des Aufbruchs (V. 3)
3. Wechsel von realistischer Natürlichkeit des Frühlings auf magische Ebene des Traums, in die der Mensch hineingezogen wird (V. 4–8)
4. euphorisierte Teilnahme des lyrischen Ichs an magischer Traumreise (V. 9–11)
5. Treibenlassen des euphorisierten und sehnsüchtigen lyrischen Ichs (V. 12–13)
6. Herannahen des Morgens (V. 14)
7. abermaliges Treibenlassen in Traumreise ohne Kenntnis des Ziels (V. 15–16)

III. Vergleichsmotive
1. **Welt:** technisierte, auf Schnelligkeit ausgelegte Arbeitsatmosphäre ↔ schöne, traumhafte Natur
2. **Rolle des Menschen und Umfeld**: namenlose „massa damnata“, die auf ihre Arbeitskraft reduziert wird; Vergänglichkeit ↔ In und anhand der (beseelten) Natur zeigt sich der Ausdrucksraum der romantischen Seele.
3. **Farbgestaltung:** Verdeutlichung von Anstrengung, Fabrikwesen, Stadtleben ↔ Farbvielfalt, z.T. angedeutet durch die Elemente, z.B. Wasser
4. **Sprecher und Ton**: sachlich, nüchtern, emotionslos, desillusioniert; geht genauso in der Masse unter wie alle anderen; distanziert; hohe Geschwindigkeit wegen Austauschbarkeit und ewigen Arbeitskreislaufs ↔ Gefühl erfüllender Sehnsucht durch persönliche Teilhabe; fröhlich; zunehmende Geschwindigkeit als Spiegel der erhöhten Erfüllung der Sehnsucht
5. **Reise:** technisierter Massentransport zum Zweck des Pendelns ↔ individuell zugeschnittene Traumfahrt

C Schluss:
Reisen als Notwendigkeit in der Arbeitswelt und Luxusgut bei privaten Unternehmungen

Kommentare, Notizen

Enjambements, Personifikation des Zuges, Wortfeld der Eisenbahn/Adjektiv: schöne Alliteration, Sonett/Charakter eines Lieds, Exklamationen

gelb, weiß, rot/blau, bunt, Wortfeld der Natur
durchgängiger Trochäus und Kreuzreim, Synekdoche/ durchgängiger Jambus, Exklamationen, Personifikationen
V. 4–11/V. 9, 11, 15 f.

4.3 individuelle Lösung

5. Den Vortag konzipieren

5.1–5.3 individuelle Lösung; weitere Tipps und Hinweise zur Partnerübung finden Sie in den Lösungen zu Kapitel 3, Abschnitt 5, S. 77

Seite 49

6. Das Prüfungsgespräch antizipieren

6.1 - **zur Aussage von Hofmiller:**
Eindeutig das Gedicht *Frische Fahrt*: Die Teilnahme der Reise erfolgt hier primär geistig-seelisch im Traum. Ein Diskussionspunkt wäre die Auswirkung des Inneren auf das Äußere, d.h. ob die Psyche die Physis so prägt, dass das lyrische Ich hier auch körperlich und damit ganzheitlich eingenommen ist - dann träfe das Zitat nicht nur partiell zu, sondern in Gänze.

- **Vergleich des Reisemotivs:**
Da fällt mir Johann Wolfgang von Goethes *Italienische Reise* ein, die einige Gemeinamkeiten zum Prüfungsthema erkennen lässt. Die Reise Goethes war eine Art Flucht vor seiner Arbeit in Weimar, welche seine literarische Kreativität zum Erliegen gebracht hatte. Italien, das Land der antiken Kultur und lebendigen Natur, sollte für ihn eine persönliche und künstlerische Wiedergeburt ermöglichen. Auch wenn Goethe die Reise wirklich und nicht im Traum vollzieht, nähert er sich von Etappe zu Etappe immer mehr seinem Traumziel, bis er in Rom seine tiefsten Sehnsüchte erfüllt sieht. Insofern kann man sagen, dass für Goethe ebenfalls Magie, Lockung und Sehnsucht vorherrschend waren, die er im seelischen Austausch mit der Natur und der antiken Kunst zu erfassen glaubte. Ich möchte hinzufügen, dass gerade auch für die Romantiker Italien das gedankliche Ziel schlechthin war, eine Wallfahrt an eine mystisch überhöhte und damit magische Stätte, in das beseelte Land par excellence. Und wir wissen alle, was man von Italien sagt: Da ist immer gutes Wetter, fast immer muss es im Eichendorffschen Sinne Frühling sein.

- **Zuordnung der Gedichte zu Epochen:**
Neben den Jahreszahlen und Autoren, die die Gedichte als expressionistisch bzw. romantisch kennzeichnen, gibt es weiterhin eine ganze Reihe an Merkmalen, von denen ich jetzt jeweils drei nennen werde: Bei *Vorortbahnhof* ist von Legionen, also Soldaten, die Rede, womit sich ein Bezug zum Ersten Weltkrieg konstatieren lässt. Dazu werden die Technik der Industrie und die Stadt als klassische Motive thematisiert. In *Frische Fahrt* erkennen wir eine beseelte Natur, die Erfüllung der Wünsche und Sehnsüchte im Traum und überhaupt mit der Sehnsucht das Zentralmotiv jener Epoche, das auch durch die Romantikfarbe Blau zusätzlich erkennbar wird.

- **Bezug des Gemäldes von Caspar David Friedrich zu den beiden Gedichten:**
Ehrlich gesagt passt das Bild zu keinem der beiden Gedichte ohne Einschränkung. Natürlich ist es romantisch, insofern eher zum Romantikgedicht, in dem auch Andeutungen von Gefahr durch das ambivalente „selig blind“ und die Ziellosigkeit vorliegen, sodass sich die Düsternis erklärt. Und wir träumen gewöhnlich des Nachts, sodass die Zeit stimmt. Aber diesbezüglich gibt es auch Anknüpfungspunkte zum Heym-Gedicht mit den „roten Lampen“ und der Abendstimmung. Wenn ich mich aber entscheiden muss, dann aus genannten Gründen zu Eichendorff.

6.2 individuelle Lösung

6.3 - Definieren und erläutern Sie den Begriff der Romantik und zeigen Sie anhand der Gegenwart Gemeinsamkeiten und Unterschiede zur ursprünglichen Bedeutung auf.
- Erläutern Sie Neuerungen, die in Inhalten und der Poetik in der Epoche des Expressionismus zu erkennen sind.
- Zeigen Sie die Auswirkungen der Erfahrungen im ersten Weltkrieg in der Lyrik des Expressionismus auf.
- Diskutieren Sie die Sinnhaftigkeit der Abgrenzung literarischer Epochen voneinander anhand einer der in den Gedichten vorliegenden Epoche und mindestens eines weiteren Beispiels Ihrer Wahl.

6 Interpretation einer Dramenszene → S. 52–61

Seite 54

1. Die Aufgabenstellung erfassen - das erste Textverständnis festhalten

1.1 Interpretation von Friedrich Schillers Dramenauszug *Maria Stuart* durch Inhalt, Dramaturgie bzw. Dialoganalyse und Sprache; anhand dieser Ergebnisse ein Gesamtdeutung darstellen; in allen Teilen, neben einer allgemeinen Interpretation, die Themafrage des klassischen Humanitätsideals in den Blick nehmen, die Gewichtung und Reihenfolge des Vorgehens sind freigestellt.

1.2

Maria	Melvil
– Mein Herz … offen (V. 3673) – neid'schem Hasse (V. 3676) – Rachegedanken (V. 3677) – Vergebung hofft' ich (V. 3678) – konnte nicht … vergeben (V. 3679) – hoffe, dass mir Gott vergebe (V. 3682) – sünd'ge Liebe (V. 3684) – eitle Herz (V. 3686) – schwerste Kampf … bestand (V. 3690) – ew'ge Gnade Sieg (V. 3709) – ich … wissend nichts verschwieg (V. 3710 f.) – meine Beichte ist vollendet (V. 3720) – habe alle Fürsten aufgeboten, mich … zu befrein (V. 3727 f.) – nie hab ich … Das Leben meiner Feindin angetastet (V. 3730) – Gott würdigt mich, durch diesen unverdienten Tod Die … Blutschuld abzubüßen (V. 3735 f.) – Sie empfängt den Kelch (Regieanweisung) – fürchte keinen Rückfall (V. 3761) – Hass Und … Liebe hab ich Gott geopfert (V. 3761 f.)	– Im Namen des Vaters und des Sohnes und des Geistes (V. 3668) – dein Herz erforschet (V. 3670 f.) – Erforschet, schwörst … und gelobest du … Wahrheit (V. 3671 f.) – Sünde … Gewissen (V. 3674) – Bereuest du die Schuld (V. 3680, 3688) – Welch andrer Sünde (V. 3683) – hat dein Herz vom eiteln Abgott sich zu Gott gewendet (V. 3688 f.) – Der Strafen denke, die … Der mangelhaften Beichte droht (V. 3705 f.) – ew'gen Tod (V. 3707) – wider … Heil'gen Geist gefrevelt (V. 3708) – Verbrechen, um dessentwillen dich die Menschen strafen (V. 3711 f.) – Hochverrat (V. 3714) – steigst du, überzeugt Von deiner Unschuld, auf das Blutgerüste (V. 3733 f.) – Wie du geglaubet, so geschehe dir (V. 3746) – reicht ihr die Hostie … ergreift den Kelch … reicht … ihr denselben (Regieanweisung) – Dir bleibt ein harter Kampf noch zu bestehn (V. 3758) – Fühlst du dich stark genug, um jede Regung Der Bitterkeit, des Hasses zu besiegen (V. 3759 f.)

1.3 Moral; Freiheit; seelische Reinheit bzw. „Gesetztheit"; edle Einfalt und stille Größe; Geduld; Demut; Anmut und Grazie; Ausdruck innerer Schönheit durch äußere Handlungen bzw. Haltungen; Befreiung vom Triebhaften bzw. Einklang und Harmonie von Neigung und Pflicht; geistige Stärke → Ideal der schönen Seele

Seite 55

2. Den Text aspektorientiert untersuchen

2.1 Figuren; Sprechsituation; Inhalt; Dialog; Dramaturgie; sprachlich-stilistische Mittel; Genre

2.2 individuelle Lösung, vgl. auch 2.3

2.3 Beispiellösung

Verse (Textstellen vgl. 1.2)	Deutung
V. 3669 f., 3669–3672	trinitarische Formel und alleiniger Redeanteil Melvils → alles Folgende geschieht im Beisein Gottes; Gebet, Einleitung zum Beichtsakrament; es wird alles offenbar
V. 3671	Klimax → Maria soll ihr Innerstes und auch das Verborgenste preisgeben
V. 3673–3703	mehrheitlich gleichmäßiger Redeanteil, z.T. als Stichomythie (Wechselrede) → Gewissenserforschung durch Fragen Melvils als beurteilendem Priester und Maria als reuige Sünderin: Melvil als Leiter des Dialogs
V. 3674	Personifikation → Anklage durch die heilige Mitte des Menschen; Gewissen gilt im katholischen Glauben als Sprachrohr Gottes, das Orientierung zum richtigen Handeln und Beurteilen ermöglicht
V. 3676 f.	Personifikation → Maria als Getriebene
V. 3678 f.	Antithese → Erkenntnis des eigenen moralischen Scheiterns durch Maria; keine Erfüllung der Feindesliebe
V. 3680, 3682, 3688 f.	Oxymoron → Tilgung der Schuld und damit Hoffnung auf Absolution bzw. seelische Reinheit
V. 3683 f.	Paradoxon → Maria wurde ausgerechnet durch das schönste Gefühl des Menschen zur Sünde getrieben; Kontrast und Scheitern Marias wird durch Charakterisierung Gottes als Liebe und das christliche Liebesgebot der Gottes- und Nächstenliebe noch massiver
V. 3690	Superlativ → Einklang Marias mit sich selbst und damit Bereitschaft zur Erlösung
V. 3704–3762	erneut erhöhter Redeanteil Melvils aufgrund Nachhakens, Lossprechung und Eucharistie
V. 3706 ff.	Wortfeld Glaube → Macht zur Erlösung oder Verdammnis
V. 3711–3716	rhetorische Frage → politischer Konflikt, aufgrund dessen Maria zum Tod verurteilt worden ist, rückt ins Zentrum; verkappter Vorwurf Melvils gegenüber Maria, nicht die volle Wahrheit vor Gott gebracht zu haben; unvollständige Beichte bedeutet Gefahr für Maria im Jenseits
V. 3720	knapper Aussagesatz → Eindeutigkeit; Überzeugung Marias die Wahrheit zu sprechen
V. 3727–3730	Inversion → Betonung des falschen Vorwurfs, Elisabeths Ermordung geplant oder gar befohlen zu haben
V. 3736 ff.	Allusion → herannahender Tod; Vergießen des Blutes als Martyrium
V. 3747–3749	Parallelismus → Verweis auf Lossprechung und damit Sieg über den Tod
nach V. 3745	Regieanweisungen → Maria kommuniziert Brot und Wein, gilt also als sündenfrei; Versöhnung mit sich, der Welt und Gott
V. 3761 f.	Antithese → Harmonie der Gegensätze; schöne Seele

2.4 **Beispiellösung:**
Sünde; Reue; Wandlung; Innerlichkeit → Äußerlichkeit; Gewinn von Ausgeglichenheit und Ruhe; Verwirklichung voller Humanität durch schöne Seele

2.5 individuelle Lösung

2.6 **Beispiellösung:**
Maria wandelt sich durch das Sakrament der Beichte von einer Sünderin und Person, die ihre Erfüllung in der Welt sucht, zu einem Menschen, der in persönlicher Freiheit zu Harmonie, Grazie und innerer Schönheit gelangt. Sie hat alles, was sie an die Welt bindet, hinter sich gelassen und ist bereit zum Abschied von der Welt.

Seite 56

3. Eine Deutungshypothese als Vortragsidee entwickeln

3.1 individuelle Lösung

3.2 **Beispiellösung:**
Maria verwirklicht das Ideal der schönen Seele. Die antagonistischen Kräfte sind am Ende des Auszugs ebenso im Einklang wie Neigung und Pflicht vereinigt sind.

3.3 individuelle Lösung

3.4 **Beispiellösung:**
Wir schreiben das Jahr 399 v. Chr. Der berühmteste Philosoph Sokrates verbringt seine letzten Lebensstunden. Aufgrund angeblicher Gottlosigkeit und Verführung ist er in Athen zum Tod verurteilt worden. Nun empfängt er nochmal seine Frau Xanthippe mit den Kindern und seine Freunde. Letztere fordern ihn auf, zu fliehen. Das aber tut er nicht, weil er dieses Tun als juristisches Unrecht beurteilt. Stattdessen bittet er noch „in aller Ruhe" seine Freunde, dem Heilungsgott Äskulap einen Hahn zu opfern. Diesen sei er dem Gott noch schuldig. Sokrates möchte alles, was ihn noch im Hier und Jetzt hält, erledigt wissen. Nun trinkt er „stoisch" den Giftbecher, weil er den Tod nicht fürchtet. Mit sich ist er im Reinen. Für die Wahrheit habe er Zeugnis abgelegt, diese sei entscheidend, er habe stets zum Wohle des Staates gehandelt. In Ausgeglichenheit und Harmonie scheidet Sokrates aus der Welt. Sicherlich ein Ideal. Doch wird dieses Ideal auch im vorliegenden Dramenauszug V/7 aus *Maria Stuart*, verfasst von Friedrich Schiller, erreicht? Wie genau das die namensgebende Protagonistin vollzieht und inwiefern sie damit das klassische Humanitätsideal verwirklicht, möchte ich nun erläutern.

3.5

	Stärken	Schwächen
A	- Angabe der Themafrage - Nennung von Titel und Autor	- keine Epochenkennzeichnung - Gattung, Jahreszahl und Szenenangabe des Auszugs fehlen - keine eigene Hinführung - Analysepassagen als Anhängsel: Struktur unpassend
B	- eigenständiger, kreativer Einstieg durch typisches Zitat der Klassik - Nennung der Gattung, der Epoche, des Titels, der Szene und des Autors - Gliederung des Vortrags - eigene Schwerpunktsetzung - Deutungshypothese	- Jahreszahl des Auszugs fehlt
C	- eigenständiger, textimmanenter Einstieg durch Zitat - metaphorische Schlussfolgerung - Angabe des Titels, der Gattung, des Autors und der Epoche - Deutungshypothese	- Jahreszahl und Szenenangabe des Auszugs fehlen - Beleg des Zitats fehlt

Seite 57

3.6 individuelle Lösung

3.7 „Geschichte wird von den Siegern geschrieben", heißt es im Volksmund. Obwohl weder Sokrates noch Maria Stuart in ihrem jeweiligen Leben als siegreich beurteilt werden können – beide werden hingerichtet –, sind sie doch zu einem Stoff geworden, der uns noch heute beschäftigt und wenigstens partiell vorbildhaft auf uns wirkt. Ob das so war, ist eine andere Frage. Aber eines ist sicher: Ideale stellen beide dar, beide gehen klassisch in innerer und äußerer Ausgeglichenheit in den Tod. Irgendeine Person hat das Leben und am Ende den Tod der beiden doch aufgeschrieben. Wenn „Geschichte von den Siegern geschrieben wird", gehören beide immerhin mittelbar zum Siegerteam.

4. Die Untersuchungsergebnisse ordnen und Stichwortkarten anlegen

4.1 individuelle Lösung

4.2 Beispiellösung (vgl. ggf. mit der Lösung zu 2.3)

A Einleitung

1. Tod des Sokrates
2. Thema: Interpretation Szenenauszug V/7 aus *Maria Stuart* von Friedrich Schiller und Darstellung klassisches Humanitätsideal
3. Angabe der einzelnen Schritte des Vortrags

B Hauptteil

1. Inhalt
   - 1.1 Aufbau: Beichte Marias vor ursprünglichen Berater und inzwischen zum Priester geweihten Melvil
     - a) Bereitschaft Marias zur Ablegung der Beichte (V. 3668–3673)
     - b) Marias Nennung der Eifersucht und des Ehebruchs als Sünden, Angabe ihrer Reue und ihrer Bereitschaft vor Gott zu treten (V. 3674–3703)
     - c) Drohungen Melvils wegen Zweifel an der Vollständigkeit der Beichte und Erwiderung Marias, alles bekannt zu haben (V. 3704–3710)
     - d) auf Nachfrage Melvils deutliche Erklärung Marias, keinen Anschlag auf Elisabeth geplant oder verübt zu haben (V. 3711–3736)
     - e) Segnung Melvils über „gereinigte" Maria, anschließende Eucharistie und Vorausblick auf folgende Hinrichtung Marias (V. 3736–3762)
   - 1.2 Funktion: Schlussauftreten Marias vor ihrer Hinrichtung mit Auslösung der individuellen und politisch-gesellschaftlichen Konflikte
2. Sprache: Religions- bzw. Glaubenssprache als Zeugnis der Versöhnung
   - 2.1 Personifikation und Repetition „Herz" → wichtigstes Organ und Symbol von Echtheit und Liebe: Es geht um das Innerste Marias, die vollkommene und reine Wahrheit soll deutlich werden, denn das Herz lässt sich nicht täuschen.
   - 2.2 Wortfeld „Beichte" → Erkenntnis eigener Verfehlung, Reue, Wille zur Umkehr, „neuer Mensch"
   - 2.3 Allusion „steigst du … auf das Blutgerüste" → nahender Tod; Martyrium als Katholikin; ungerechter Tod; Reinigung durch Blut; Nähe zum Sühnetod Jesu Christ: Maria als „Lamm"?
   - 2.4 Antithese „Hass … Liebe" → Maria als schöne Seele
3. Dramaturgie: Passivität Marias zum Zweck ihrer persönlichen Aussöhnung mit sich, Welt und Gott
   - 3.1 Regieanweisung „Sie sinkt vor ihm nieder" → Ergebenheit und Demut Marias
   - 3.2 mehrheitlich gleichmäßiger Redeanteil, z.T. Nähe zur Stichomythie → Gewissenserforschung durch Fragen Melvils als beurteilendem Priester und Maria als reuige Sünderin: Melvil als Leiter des Dialogs
   - 3.3 Regieanweisung „Er macht den Segen über sie" → endgültige Absolution Marias; seelischer Einklang
   - 3.4 Regieanweisungen des Kommunizierens → von Sünden losgesprochene Maria; Verbindung Marias mit Gott
4. Gewinn moralischer Freiheit
   - 4.1 Wahrheit
   - 4.2 Wandel Marias zu christlichem Ideal: Repräsentanz innerer Reinheit in äußeren Handlungen
   - 4.3 schöne Seele

C Schluss

1. Wiederaufnahme von A und Interpretationsergebnis
2. Vergleich und Abstraktion: Tod des Sokrates und Märtyrer in der katholischen Kirche

Seite 58

4.3–4.6 individuelle Lösung

5. Den Vortrag konzipieren

5.1–5.3 individuelle Lösung; Weitere Tipps und Hinweise zur Partnerübung finden Sie in den Lösungen zu Kapitel 3, Abschnitt 5, S. 77

Seite 59

6. Das Prüfungsgespräch antizipieren

6.1 **Beispiellösung:**

1. Es geht in dem Fall nicht darum, wer faktisch gewinnt, also überlebt, sondern wie Innerlichkeit in Äußerlichkeit widergespiegelt wird. Ein wesentliches Ziel ist eine Verbindung, eine Harmonie antagonistischer Pole, z. B. von Neigung und Pflicht. Und das verwirklicht Maria Stuart, indem sie mit den Dingen, die sie an der Welt halten bzw. hielten, abschließt. Schaut man sich ferner mit der Laokoongruppe ein klassisches Beispiel des Humanitätsideals in der Kunst an, dann erkennen wir ein Beispiel dafür, dass sich auch im Tod eine stille Größe und damit Anmut konstatieren lassen. Trotz des Todeskampfes gibt es dort eine „große und gesetzte Seele", so Winckelmann. Und bei Maria? Mit psychischer und physischer Ausgeglichenheit bereitet sie sich sogar auf ihren Gang in den Tod vor und hat – insofern vielleicht sogar noch deutlicher als Laokoon – das klassische Humanitätsideal verwirklicht.
2. Dieses Zitat bedeutet, dass die innere Schönheit sich auch in der Äußerlichkeit offenbart, und bezieht sich genau auf das, was Maria tut. Sie wandelt sich zur Ausgeglichenheit und versöhnt sich so auch am Ende mit sich, der Welt und Gott. Ein weiteres, aber krasses Beispiel ist Iphigenie in Goethes Drama *Iphigenie auf Tauris* die, gemäß ihrer inneren Haltung bzw. moralischen Vernunft, stets wahrheitsgemäß und ethisch höchst tugendhaft handelt. Ein Unterschied zwischen den beiden Protagonistinnen übrigens: Maria, im Unterschied zu Iphigenie, vollzieht eine persönliche Wandlung bzw. Entwicklung.
3. Melvil ist hier eine Art Mittel zum Zweck; das meine ich nicht negativ, denn er ist szenenentscheidend, käme doch ohne ihn die Beichte nicht voran, nicht an ihr Ziel. Das sieht man z. B. an seinen Mahnungen, Rückfragen und v. a. seinen aktiven Handlungen. Nichtsdestotrotz verstehe ich ihn ein bisschen als Dienstleister und gleichzeitig als einen Teil des moralischen Gewissens Marias. Sie führt kein Reflexionsgespräch für bzw. mit sich allein, sondern sie hat in Melvil denjenigen Dialogpartner, der ihre Gewissenserforschung erst final möglich werden lässt. M. E. fungiert er sogar als eine „innere Seite" Marias, die sonst nicht ans Licht gekommen wäre. Und in „letzter Sekunde" spricht er ihr auch nochmal Mut zu bei ihrem letzten Gang, das darf man nicht vergessen.

6.2 individuelle Lösung , siehe Lösung 6.3

6.3
1. Inwiefern spiegelt *Maria Stuart* die historische Wirklichkeit wider?
2. Sind die Fragen nach Schuld und Verantwortung des Individuums typisch für die Epoche der Klassik?
3. Kann man sagen, dass das Drama auch heute noch aktuell ist?

7 Analyse eines Sachtextes → S. 62–72

Seite 64

1. Die Aufgabenstellung erfassen – das erste Textverständnis festhalten

1.1

Operator	Anforderungsbereich	Arbeitsschritte
darstellen	II	einen Sachverhalt oder eine Frage strukturiert und in richtiger Fachsprache darstellen
analysieren	II/III	einen Text als Ganzes oder aspektorientiert unter Wahrung des funktionalen Zusammenhangs von Inhalt, Form und Sprache erfassen, erschließen sowie untersuchen und die Ergebnisse darlegen
auseinandersetzen	III	eine Aussage, eine Problemstellung argumentativ und urteilend abwägen

1.2 **Thema:** Kritik an geschlechtersensibler Sprache (Gendern)
Vorwissen: z.B. Definition: Gendern; Diskussionen um unterschiedliche Schreibweise
Erfahrungen: z.B. Schulordnung wurde auf Betreiben der Schülermitverantwortung gegendert

1.3 **Deutungshypothese:**
Die Autorin kritisiert Gendern.
Fragen an den Text:
- Welche Kritikpunkte nennt die Autorin? Was stört sie am Gendern? Wie drückt sie dies sprachlich aus?
- Welche Alternativen schlägt sie vor?

2. Den Text aspektorientiert untersuchen

2.1 individuelle Lösung

2.2 **Intention der Autorin:**
Rieke Hümpel will aufrütteln, zum Nachdenken anregen, Widerstand gegen das Gendern mobilisieren
Adressatenkreis: alle Bürgerinnen und Bürger; Jugendliche
Wirkung des Textes: provozierend; regt aber auch zum Nachdenken an, klare Sprache, klare Kritik

2.3 **Kernthese:**
Die Normierung des Sprachgebrauchs – hier: Gendern – durch Zwang und Druck „von oben" widerspricht der natürlichen Sprachentwicklung und den Grundsätzen der Demokratie.

Argumente:
1. Gendern zerstört die deutsche Sprache (vgl. Z. 14)
2. Die Normierung des Sprachgebrauchs führt in die Unfreiheit (Kernthese), denn freien Sprachzwang gibt es nicht (vgl. Z. 28).
3. Sprache ist ein Werkzeug der Freiheit, hier darf der Staat nicht eingreifen (vgl. Z. 31 f.).
4. Gender-Sprache erreicht das Gegenteil und verfälscht oder verändert viele Aussagen (vgl. Z. 42 ff.).
5. Die Verwendung substantivierter Partizipien ist in vielen kommunikativen Kontexten falsch. (vgl. Z. 60 ff.).
6. Nicht jeder muss immer persönlich angesprochen werden (vgl. Z. 85 ff.).

Beispiele:
Zu 1: vgl. Zeile 3 ff. (ohne konkrete Beispiele)
Zu 2: vgl. mit dem Dritten Reich und dem Franco-Regime (vgl. Z. 29)
Zu 4: persönliches Erfahrungsargument, Stellungnahme (vgl. Z. 35 ff.)
Zu 5: „Dass die Verwendung des substantivierten Partizips falsch ist, kommt noch hinzu. Der Laufende ist etwas anderes als ein Läufer". (Z. 73 ff.)

sprachliche Mittel:
- Fleischwolf-Metaphorik (Überschrift)
- rhetorische Fragen (vgl. Z. 71, Z. 85 f.)
- framing (Gendern wird als „große Welle", d.h. als Naturkatastrophe bezeichnet)

Seite 65

2.4 Es handelt sich um einen **argumentativ-appellativen Text**, der entsprechend polemisch verfasst ist. Informierende Passagen sind kaum zu finden.
Als **Manipulationstechniken** können, abhängig vom Standpunkt, z. B. genannt werden:
- **Übertreibungstechnik:** Vergleich des Genderns mit Naturkatastrophen und Unrechtregimen (vgl. Z. 5 und Z. 29)
- **Ausweichtechnik:** Gegenargumente werden marginalisiert (vgl. Z. 80).

Seite 66

2.5 **Ausgangsbefund:** die aktuelle Gender-Debatte
Kernthese: Gendern wird zwanghaft von oben verordnet und zerstört die deutsche Sprache.
Begründung: Die deutsche Sprache wird so unverständlicher, unpräziser, unübersichtlicher.
Folge: Gendern kommt einer Zensur gleich. Wir leben aber in einer Demokratie.

2.6 Bei der vorliegenden Textsorte handelt es sich um einen Kommentar, d.h., um einen subjektiven, argumentativen und meinungsbildenden Sachtext.

2.7 Exemplarisch sei hier auf die Leserlenkung durch rhetorische Fragen (vgl. Z. 72, Z. 86) und framing durch negative Konnotationen *(*Fleischwolf-Metaphorik Gendern als Naturkatastrophe, Vergleich mit Diktaturen*)* hingewiesen.
Weitere Untersuchungsaspekte können Sie der Kompetenzbox (vgl. Seite 73) entnehmen

2.8 In dem Kommentar *Gendern – Das erinnert mich inzwischen an einen Fleischwolf* von Rieke Hümpel aus dem Jahr 2021, der in der Zeitung *Die Welt* veröffentlicht wurde, kritisiert die Autorin die staatlich angeordnete geschlechterneutrale Sprache, das sogenannte Gendern, und warnt vor möglichen negativen Folgen dieser Praxis.

3. Eine Deutungshypothese als Vortragsidee entwickeln

3.1 **Tipp:** Formulieren Sie zunächst Ihre persönliche Position, d.h. klären Sie, ob und wenn ja in welchen Bereichen Sie geschlechtersensible Sprache befürworten oder kritisieren und nehmen Sie dann Stellung zum vorliegenden Kommentar.

3.2 **Argumente für das Gendern:**
- Art. 3 des GG: (1) Alle Menschen sind vor dem Gesetz gleich. (2) Männer und Frauen sind gleichberechtigt. – Aus diesen beiden Absätzen lässt sich indirekt ein Argument für das Gendern ableiten: Die Gleichheit vor dem Gesetz sollte in der Sprache unmissverständlich Ausdruck finden.
- Sprache soll inklusiv sein, die deutsche Sprache aber ist mit dem Gebrauch des generischen Maskulinums exklusiv.
- Sprache soll die gesellschaftliche Realität erfassen und widerspiegeln und nicht nur einen Teil davon, hier den männlichen Teil.

Argumente gegen das Gendern:
- Sprachwandel entsteht durch veränderten Sprachgebrauch und nicht durch Verordnungen und Normen „von oben".
- Die Mehrheit der Deutschen lehnt Gendern ab.
- Gendern betont das Geschlecht über und führt so zum gegenteiligen Effekt.
- Genderstern und Sprechpausen sind unübersichtlich bzw. schwer verständlich, zerstören die deutsche Sprache und erschweren das Erlernen der Sprache.
- Gendern polarisiert, statt zu integrieren.

Tipp: Ergänzen Sie diese Argumente durch Beispiele und sammeln Sie weitere Argumente.

3.3 individuelle Lösung

3.4

A	Der persönliche Standpunkt der Autorin wird treffend herausgestellt. Allerdings ist das nur ein Argument der Autorin, wodurch es zu einer Themenverschiebung kommen kann.
B	Hier wird ein gängiges Argument für geschlechtersensible Sprache betont, auf welches die Autorin in der Tat nicht näher eingeht (Verdrängungstechnik). Die Frage, inwiefern die Autorin vom Gendern profitiert, bleibt jedoch offen.
C	Die Deutungshypothese ist sehr subjektiv formuliert und damit zu einseitig.

Seite 67

4. Die Untersuchungsergebnisse ordnen und Stichwortkarten anlegen

4.1 vgl. Lösungen der Aufgaben 2.3 und 3.2

4.2 **Tipp:** Entscheidend ist hier Ihre Position und wie Sie die Argumente gewichten.
Für das Gendern spricht insbesondere die Inklusion aller Geschlechter, die durch das Grundgesetz geschützt ist und damit Gleichberechtigung, Toleranz und Chancengleichheit fördert.
Gegen das Gendern spricht vor allem der vielfach kritisierte Eingriff in die deutsche Sprache „von oben": Es handelt sich bei der geschlechtergerechten Sprache nicht um einen natürlich gewachsenen Sprachwandel, sondern um politisch empfohlene, z.T. auch angeordnete Änderungen, was dem demokratischen Grundgedanken widerspricht.
Überlegen Sie daher, welches Argument Sie stärker gewichten und ordnen Sie Ihre Argumente dementsprechend an.

4.3 **Tipp:** Achten Sie auf eine logische Reihenfolge und sukzessiven Aufbau sowie auf den „roten Faden".

4.4 **Tipps:**
- Achten Sie auf eine übersichtlich knappe Darstellung.
- Formulieren Sie keine vollständigen Sätze.
- Die Karteikarten sollen eine Gedächtnisstütze sein.
- Halten Sie den Vortrag frei. Lesen Sie auf keinen Fall ab.

Seite 68

5. Den Vortrag konzipieren

5.1 **Mögliche Ideen für den Einstieg könnten sein:**
- Art. 3 GG
- Die Gesellschaft verändert sich, Sprache ebenfalls.
- Sprachvielfalt und Sprachvarietäten
- aktuelle Streitfragen, z. B. Soll man jetzt „Hampelmensch" statt Hampelmann sagen?

5.2

A	Hier wird mit einem aktuellen politischen Ereignis eingeleitet. Aufgrund der ähnlichen Position von Merz und der Autorin ist dieser Einstieg als gelungen zu bewerten.
B	Hier liegt ein unvollständiger Basissatz vor. Es fehlen Erscheinungsdatum und -ort sowie der Kerngedanke. Es wird nur das Thema benannt, daher ist dieser Einstieg nicht gelungen.
C	Der Einstieg mit dem Thema Sprachwandel und -varietäten ist gelungen, allerdings ist dies nicht der Kerngedanke des Kommentars. Es fehlt also eine Überleitung von der Einleitung hin zum Kerngedanken, z. B. Die Autorin wehrt sich gegen einen „von oben" verordneten Sprachwandel.

5.3 **Tipp:** Achten Sie bei Ihrem Feedback darauf, konstruktive Kritik zu üben, indem Sie klare Verbesserungsvorschläge machen.

Seite 69

6. Das Prüfungsgespräch antizipieren

6.1 **Definition:** Gendergerechte Sprache spricht alle Geschlechter an und impliziert Frauen, Männer sowie Diverse.

6.2
- **generisches Maskulinum** (von lateinisch genus „Geschlecht, Art", sowie masculus „Männchen"): bezeichnet die geschlechtsneutrale Versendung maskuliner Substantive, die alle Geschlechter inkludiert
- **Sprachwandel:** bezeichnet die Veränderungen, denen Sprache im Laufe der Jahrzehnte und Jahrhunderte unterliegt. Dieser Wandel bezieht sich sowohl auf den schriftlichen als auch auf den mündlichen Sprachgebrauch.

6.3 Sprachwandel impliziert die Veränderung der gesprochenen und verschriftlichten Sprache. Beispiele für den Sprachwandel können Wörter sein, die man heute nicht mehr verwendet, z. B. „Dreikäsehoch" oder „Amtsschimmel", außerdem Anglizismen und Neologismen, Sprache der „political correctness", die sogenannte Jugendsprache oder geschlechtersensible Sprache.
Tipp: Sie müssen hier nicht alle aufgeführten Beispiele für den Sprachwandel erläutern, sondern ein bis zwei Beispiele Ihrer Wahl.

6.4 Mögliche Themen, die im Zusammenhang mit den Aussagen des Textes stehen und als Gesprächsimpulse dienen könnten:
- Sprachwandel und Sprachverfall
- Chancengleichheit und Sprache
- selbstbestimmtes Handeln und sprachliche Normen
- Geschlechterrollen und Stereotype

6.5 **Beispiel Stellenausschreibungen:**
Bis vor ca. zehn Jahren wurden Stellenausschreibungen „typisch männlicher" Berufe (z. B. KFZ-Mechaniker, Physiker, Elektroingenieur) ausschließlich in der maskulinen Schreibweise formuliert. Untersuchungen haben bewiesen, dass sich Mädchen und Frauen dadurch nicht angesprochen fühlen und somit Geschlechterklischees gefördert wurden. Aktuelle Stellenausschreibungen richten sich explizit an männliche, weibliche und diverse Bewerber und Bewerberinnen, wodurch auch automatisch mehr Gleichberechtigung praktiziert wird.

Beispiel Schulordnung:
Viele alte Schul- und Hausordnungen von Bildungseinrichtungen sind ausschließlich in der männlichen Form verfasst worden, wodurch sich Schülerinnen nicht angesprochen wurden. Deshalb hat die Schülermitverantwortung (SMV) an vielen Schulen in Zusammenarbeit mit der Schulleitung und der Schulkonferenz die Haus- und Schulordnung sprachlich überarbeitet.

6.6 **Schreibweise mit Genderstern:**
Chancen:
- Abbildung aller Geschlechter möglich
- spiegelt die Diversität unserer Gesellschaft wider
- impliziert Gleichberechtigung und Toleranz

Gefahren:
- wirkt unübersichtlich und verwirrend
- erschwert das Erlernen der deutschen Sprache und Grammatik, z. B. ein*e Minister*in, die Wissenschaftler*innen.
- Zerstörung des Schriftbildes literarischer Werke durch nachträgliches Gendern
- degradiert laut Pusch Frauen zum Anhängsel

Schreibweise mit Binnen-I:
Chancen:
- aktive Darstellung des weiblichen Geschlechts
- impliziert die Emanzipation und Gleichberechtigung der Frau

Gefahren:
- unübersichtlich und verwirrend
- erschwert das Erlernen der deutschen Sprache und Grammatik, z. B. einE MitarbeiterIn
- Zerstörung des Schriftbildes
- repräsentiert Diverse nicht

Tipp: Achten Sie in Ihrem Schlussteil auf eine differenzierte Bewertung und Gewichtung der Argumente und positionieren Sie sich klar.

6.7 **M1 (Statistik)**
Die Umfrage zur **Relevanz des Themas gendergerechte Sprache** wurde im September 2022 vom Meinungsforschungsinstitut dimap veröffentlicht. Ihr zufolge ist das Thema für eine Mehrheit von 66 Prozent „weniger wichtig" oder „gar nicht wichtig." Diese Quote ist bei Männern und Frauen gleich; mit 37 Prozent zu 34 Prozent ist der Anteil der Frauen, die die Verwendung gendergerechter Sprache für „etwas wichtig" oder „sehr wichtig" halten, etwas höher als bei den Männern.
Bezogen auf die Altersgruppen ist die Zustimmung zur Verwendung gendergerechter Sprache bei den 14- bis 29-Jährigen mit 51 Prozent am höchsten; in der Gruppe der über 50- bis 59-Jährigen beträgt die Zustimmung nur 31 Prozent.
Der Bezug zum Text ergibt sich aus der negativen Einstellung der Bevölkerung zum Gendern und der damit verbundenen Frage, wessen Interessen der Staat eigentlich umzusetzen versucht. Hümpel spricht in diesem Zusammenhang von Sprachzwang, Diktatur und Zensur (vgl. Zeile 26 ff.), was durch die Statistik indirekt bestätigt wird.

M2 (Cartoon)
Die Karikatur von Schwarwel, in der ein Mann Essen kocht und sich gleichzeitig um ein Baby kümmert, während die Frau mit einem Laptop im Sessel sitzt und arbeitet, ruft gängige Geschlechterklischees auf und ironisiert sie in der Umkehrung klassischer Stereotype. In dem unbeteiligt-ironischen Kommentar der Frau zu dem Beschluss der Bundesregierung, die Gleichstellung von Mann und Frau bei künftigen Gesetzen und Förderprogrammen stärker zu berücksichtigen, wird die Frage aufgeworfen, ob die Realität in der Gesellschaft und in der Familie nicht längst eine andere sei und nun – endlich – auch in der Politik ankomme.
Ein Bezug zum Text lässt sich über die in der Karikatur als (längst) selbstverständlich dargestellte Überwindung traditioneller Geschlechterrollen herstellen: Zum einen betont auch Rieke Hümpel (Z. 34 ff.), dass sie nicht permanent auf ihre Geschlechterrolle angesprochen werden wolle, da dies nicht emanzipiert, sondern das Gegenteil sei. Und zum anderen könnte hinterfragt werden, ob eine gendergerechte Sprache als Mittel der Gleichstellung überhaupt (noch) nötig sei, da in Familie und Gesellschaft ein von Rollenklischees emanzipiertes Zusammenleben bereits Realität sei.

Textquellennachweis

5.m. Die (EB-)AVO-GOBAK regelt die mündliche Abiturprüfung NI. Unter: https://www.nibis.de/uploads/2bbs-maydell/Hinweise%20zur%20Durchfu%CC%88hrung%20der%20mu%CC%88ndliche%20Abiturpru%CC%88fung.pdf (Zugriff 04.04.2023, gek.); **5.o.l.** Gymnasiale Oberstufe Deutsch KLP Abiturprüfung. (2023) Unter: https://www.schulentwicklung.nrw.de/lehrplaene/lehrplannavigator-s-ii/gymnasiale-oberstufe/deutsch/deutsch-klp/abiturpruefung/index.html (Zugriff 04.04.2023, gek.); **5.o.r.** Informationsblatt über die Abiturprüfung für Schulfremde an den allgemein bildenden Gymnasien des Landes Baden-Württemberg ab der Abiturprüfung BW. Unter: https://km-bw.de/site/pbs-bw-new/get/documents/KULTUS.Dachmandant/KULTUS/KM-Homepage/Artikelseiten%20KP-KM/Schularten/Gymnasium/Merkblatt%20Schulfremdenpr%C3%BCfung%20%28Wiederhergestellt%29.pdf (Zugriff 04.04.2023, gek.); **5.u.** Schulordnung für die Gymnasien in Bayern (Gymnasialschulordnung – GSO). Unter: https://www.gesetze-bayern.de/Content/Document/BayGSO-50 (Zugriff 04.04.2023, gek.); **17.f.** Helmut Krausser: Zur Wildnis. 45 Kurze aus Berlin. Wagenbach-Verlag Berlin 2019, S. 14 ff.; **19** Helmut Krausser: Zur Wildnis. 45 Kurze aus Berlin. Wagenbach-Verlag Berlin 2019, S. 14 ff.; **19** Helmut Krausser: Zur Wildnis. 45 Kurze aus Berlin. Wagenbach-Verlag Berlin 2019, S. 14 ff.; **27.f.** Franz Kafka: Erzählungen, herausgegeben von Max Brod, Band 4, Frankfurt am Main 1976, S. 57 f.; **29** Franz Kafka: Erzählungen, herausgegeben von Max Brod, Band 4, Frankfurt am Main 1976, S. 57 f.; **30** Franz Kafka: Auf der Galerie. In: Ders.: Kurze Prosa/Erzählungen. Ausgew. u. mit Materialien vers. v. Ralf Sudau. Ernst Klett, Stuttgart 2007, S. 43; **35** Mascha Kaléko: Das Lyrische Stenogrammheft. Kleines Lesebuch für Große. Reinbek bei Hamburg: Rowohlt 1978.; **36** Mascha Kaléko: Großstadtliebe. In: Dies.: Das lyrische Stenogrammheft. Kleines Lesebuch für große Leute. 34. Aufl. Hamburg: Rowohlt 2010; **43** Joseph von Eichendorff: Werke. Bd. 1: Gedichte, Versepen. Hrsg. v. Hartwig Schultz. Deutscher Klassiker-Verlag Frankf./M. 1987; **43** Georg Heym: Vorortbahnhof (1910), unter: https://gedichte.xbib.de/Heym_gedicht_Vorortbahnhof.htm (abgerufen am 13.2.23); **44** Georg Heym: Vorortbahnhof (1910), unter: https://gedichte.xbib.de/Heym_gedicht_Vorortbahnhof.htm (abgerufen am 13.2.23); **53.f.** Friedrich Schiller: Maria Stuart. Ein Trauerspiel. Mit Materialien, ausgewählt von Frauke Bohlen und Rosemarie Zölle. Ernst Klett Verlag: Stuttgart, Leipzig 2009, S. 126 ff.; **59** Burkhard Meyer-Sickendiek: Scham und Grazie. Zur Paradoxie der „schönen Seele" im achtzehnten Jahrhundert. (28.05.2004). Unter: http://www.goethezeitportal.de/db/wiss/epoche/meyers_seele.pdf (Zugriff 23.02.2023, gek.); **63.f.** Rieke Hümpel: Gendern – das erinnert mich inzwischen an einen Fleischwolf. (24.02.2021) Unter: https://www.welt.de/debatte/kommentare/article227000843/Sprache-Gendern-das-erinnert-mich-inzwischen-an-einen-Fleischwolf.html (Zugriff 13.02.2023, stark gek.); **65** Rieke Hümpel: Gendern – das erinnert mich inzwischen an einen Fleischwolf, auf: WELT Online v. 24.02.2021, unter: https://www.welt.de/debatte/kommentare/article227000843/Sprache-Gendern-das-erinnert-mich-inzwischen-an-einen-Fleischwolf.html (abgerufen am 13.2.23)

Bildquellennachweis

4.o ShutterStock.com RF, New York (Blazej Lyjak); **4.u.** stock.adobe.com, Dublin (Jacob Lund); **6** stock.adobe.com, Dublin (Halfpoint); **16** Mauritius Images, Mittenwald (Ikoron/Alamy/Alamy Stock Photos); **17** akg-images, Berlin (Susanne Schleyer); **18** Süddeutsche Zeitung Photo, München (Rolf Zöllner); **23.o.** ShutterStock.com RF, New York (Michal Kowalski); **23.u.** F1online digitale Bildagentur, Frankfurt (imageBROKER RM); **26** akg-images, Berlin; **27.o.** akg-images, Berlin (Archiv K. Wagenbach); **27.u.** Björn Barends, Hamminkeln; **30** Mauritius Images, Mittenwald (Valsa/Stockimo/Alamy/Alamy Stock Photos); **34** akg-images, Berlin. © VG-Bildkunst, Bonn 2023; **35** ullstein bild, Berlin (Fotografisches Atelier Ullstein); **42.o.** Deutsche Bahn AG, Berlin (Deutsche Bahn AG/Claus Weber); **42.u.** Getty Images Plus, München (powerofforever/DigitalVision Vectors); **43.r.** ShutterStock.com RF, New York (Oleg Golovnev); **43.u.** Alamy stock photo, Abingdon (The History Collection); **49** Mauritius Images, Mittenwald (MET/BOT/Alamy/Alamy Stock Photos); **52** Mauritius Images, Mittenwald (Raimund Kutter/imageBROKER); **53** akg-images, Berlin; **62** Süddeutsche Zeitung Photo, München (Caro/Eckelt); **63** Rieke Hümpel, Berlin; **68** Mauritius Images, Mittenwald (Paul Greenwood/Alamy/Alamy Stock Photos); **70.1** PER Medien & Marketing GmbH, Braunschweig ; nach infratest dimap, Gendergerechte Sprache, September 2022; (Diagramm zur Verwendung gendergerechter Sprache, Umfrage von Infratest dimap September 2022); **70.2** toonpool.com, Berlin (Schwarwel);

1. Auflage 1 6 5 4 3 2 | 29 28 27 26 25

Autor: Dominik Koch, Augsburg; Claudia Lübeck, Gerlingen; Wolfgang Wittor, Leipzig
Externe Redaktion: Redaktionsbüro Lampe, Leuna

Entstanden in Zusammenarbeit mit dem Projektteam des Verlages.

Gestaltung: normaldesign GbR, Maria und Jens-Peter Becker, Schwäbisch Gmünd
Umschlaggestaltung: normaldesign GbR, Maria und Jens-Peter Becker, Schwäbisch Gmünd
Satz: PER MEDIEN & MARKETING GmbH, Braunschweig
Reproduktion: Druckmedienzentrum Gotha GmbH, Gotha
Druck: Plump Druck & Medien GmbH, Rheinbreitbach

Printed in Germany
ISBN 978-3-12-350561-4

9 783123 505614